基础、人文与新兴交叉 – 设计（国土空间规划）项目（155323918）
江苏建筑节能与建造技术协同创新中心资助项目（SJXTZD2104）
国家重点研发计划项目（2019YFD11001301）

乡村社区空间低碳营建

宋丽美　著

U0330652

中国建筑工业出版社

图书在版编目（CIP）数据

乡村社区空间低碳营建/宋丽美著.—北京：中国建筑工业出版社，2024.5
ISBN 978-7-112-29571-5

Ⅰ.①乡… Ⅱ.①宋… Ⅲ.①农村社区—社区建设—节能—研究—中国 Ⅳ.①D669.3

中国国家版本馆CIP数据核字（2023）第253222号

责任编辑：毋婷娴
责任校对：赵　力

乡村社区空间低碳营建

宋丽美　著

*

中国建筑工业出版社出版、发行（北京海淀三里河路9号）
各地新华书店、建筑书店经销
北京方舟正佳图文设计有限公司制版
北京中科印刷有限公司印刷

*

开本：787毫米×1092毫米　1/16　印张：11¼　字数：204千字
2024年2月第一版　2024年2月第一次印刷
定价：**58.00元**
ISBN 978-7-112-29571-5
　　　（42306）

前　言

当前城郊融合型乡村社区在城镇化背景下的空间和碳排放方面都面临着一定问题：城郊融合型乡村社区交通出行能源和日常生活消费能源碳排放增长趋势明显；大批现代农业、休闲旅游项目兴起，高消耗低利用率的土地开发模式造成了建设能源碳排放增加；社区空间在空间生产实践中由于缺乏规划、设计和管理，使建筑在使用上无法满足功能需求，并间接造成建筑能源消耗的增加。

本书在博士论文《湖南省城郊融合型乡村社区空间形态低碳营建研究》的基础上改写而成。首先通过实地调研对湖南地区城郊融合型乡村社区空间形态与碳排放现状进行识别，依据产业转型方式将城郊融合型乡村社区划分为农业型、旅游型、农旅型三种类型，确定了湖南城郊融合型乡村社区的主要碳排放源为产居一体建筑；随后对乡村社区不同层级空间形态要素与碳排放的关系展开研究，并通过多元回归分析得出空间形态指标对碳排放的影响系数排序，并通过 DesignBuilder 建立典型模型验证不同建筑空间形态对碳排放的影响；最后，在此基础上提出不同类型城郊融合型乡村社区的空间低碳营建策略并进行实践探讨。

本书能够使读者对湖南地区城郊融合型乡村社区空间转型的现实需求与碳排放现状有深入理解与感性认识。本书建立了乡村社区生活空间碳排放的计量方法体系，构建了乡村社区不同层级空间形态与碳排放关系研究的方法，明确了不同空间层级主要的碳排放影响要素，提出了湖南城郊融合型乡村社区空间低碳营建总路径是"宏观控量—中微观控形—空间提质—用能引导"。本书依托城郊融合型乡村社区空间转型的现实需求探讨低碳营建，避免了"无中生有"的低碳和"唯空间论"的空间营建，结果满足低碳营建的有效性和可行性，对城郊融合型乡村社区低碳营建具有重要的参考意义。

本书是作者近年来对于乡村社区空间低碳营建的学习心得与科研成果的总结。从立题、研究方案确定、实地调研、数据处理都倾注了大量的精力与智慧，但是其中不免存在考虑不足之处，恳请广大读者朋友提出宝贵意见。借此书的出版之机与从事空间低碳研究的同行们分享现有的研究心得，期望引起更多学者对乡村社区空间低碳营建的关注与思考，为我国低碳乡村的建设贡献一份力量。

本书未标注来源的图表均为作者自摄或自制。

目　录

第 1 章 总论

1.1 乡村社区低碳营建的缘起

1.1.1 时代背景

（1）我国农村建设发展中面临高碳排放问题

随着农村现代化进程加快，城郊融合型乡村发展的需求多、速度快、大批的现代农业、休闲旅游、基础设施建设、景观环境改造项目兴起，能源消耗与废弃物排放也迅速增长。一方面，新增项目建设直接造成了能源消耗碳排放的增加，建筑空间重构主要表现为改建住宅结构及增加房屋层数为主，砖房变砖混房，一层变两层，两层变三层；另一方面，不合理的空间布局会造成低效率的土地利用，间接增加项目未来运营过程，造成长期的高碳排现象。这些变化使得中部地区乡村"高碳"特征趋势日趋明显。

城乡融合发展与农村基础设施的大规模建设，使得农村居民拥有更多的机会享受与城市居民一样的能源和生活便利。而逐步向高碳的公共基础设施和生活行为习惯转变，引起能源结构性的异动与调整，主要表现为由"自给自足"的非商品能源向依赖"外部输入"的商品能源转变，交通出行能源和日常生活消费能源碳排放增长趋势明显。数据统计显示，2005—2017 年，我国农村地区生活能源碳排放 12 年间增长率为 10.56%，农业生产碳排放总量从 9159.74 万 t 增加到 2017 年的 10977.86万 t。农村生产空间、生活用地空间都呈现高碳趋势。虽然农村碳排放与城市相比占比很小，但是增长趋势明显。

（2）社区空间低碳营建是实现绿色低碳农村建设目标的重要途径

随着"碳达峰"概念的提出，低碳也成为农村社区建设发展的重要目标。乡村社区碳循环的速率、强度很大程度受用地布局、空间形态的影响；从发达国家低碳社区建设经验来看，通过技术手段调控气候环境可有效减少碳排放，但是要投入大量成本，显然对于乡村地区并非最佳营建方式；同时，布里斯托娃等人的研究发现，不考虑人的能源消费行为而只是单纯使用技术是不可靠的减碳方式。而且，对于城郊融合型乡村来说，产业转型、空间生产实践以及村民身份和行为的转变是很明显的。这类乡村社区空间生产实践中不合理的空间布局、道路组织，缺乏精细化设计的生产建筑和追求消费者舒适的高能耗建筑都会使得社区碳排放增加。因此在思考城郊融合型乡村减碳时，可以将视角放在空间形态和环境行为变化上，利用空间形态的变化来制约"人"的活动行为，进而达到空间形态低碳营建的目的。

（3）中部地区城郊融合型乡村社区空间碳排放定量化研究的迫切性

2017年的城乡居民人均生活能源碳排放相关数据表明，大多数省份城镇居民人均生活能源消费碳排放大于农村居民。然而，湖南、江西、安徽等中部省份却显示出相反的情况，农村生活能源呈现高碳排放趋势。由清华大学建筑节能研究中心发布的《中国建筑节能年度发展研究报告2020》显示，南方地区中湖南、江西的农村户均用能排在前列，其中湖南的农村商品能耗比例较高，超过了70%。中部地区是我国农村改革发展的重要基地，其乡村发展建设模式势必对我国城乡人居环境建设的可持续发展产生重要的影响作用。而城郊融合型乡村又是空间与碳排放问题最为突出的乡村类型。关注湖南城郊融合型乡村社区空间形态与碳排放关系并探索低碳乡村社区空间营建方法，对中部地区乡村社区低碳发展具有示范作用。

总的来说，当前城郊融合型乡村社区在快速城镇化背景下正在经历空间的加速分化与重构，致使其在乡村空间及碳排放强度方面面临着一定问题：①城郊融合型乡村交通出行能源和日常生活消费能源相关碳排放增长趋势明显；②高强度规模的土地开发模式造成了建设能源消耗相关碳排放的增加；③不同层级空间在空间生产实践中由于缺乏规划、设计和管理，使得建筑功能无法满足居住者使用需求，同时不合理的空间布局间接造成建筑能源消耗的进一步增加。

1.1.2 乡村社区低碳营建的意义

空间低碳营建不仅可以应对乡村社区空间生产过程中存在的空间问题，还可以有效缓解乡村社区空间重构与建设活动，减缓因生产生活方式改变所导致的高碳排放趋势。低碳营建的意义体现在以下几个方面。

（1）解决乡村社区空间生产实践中存在的空间问题

前期研究表明，中部地区城郊融合型乡村社区存在明显的空间生产实践现象及空间问题。本书根据不同类型社区自身资源条件、转型模式和空间需求，提出社区空间优化的合理化建议。有针对性地解决空间功能问题、品质提升问题，提高乡村社区空间适宜性与居民幸福感。

（2）加快城郊融合型乡村社区的低碳建设目标

梳理农村不同用地空间与能源消费之间的关系，以确定显著影响乡村能源使用和碳排放的空间形态要素，为乡村社区低碳空间营建提供理论依据；同时乡村社区空间形态与碳排放关系的定量化研究提供了乡村社区碳排放的计量方法，使得低碳目标可以落实到具体空间建设活动中，有效缓解当前乡村碳排放增长趋势，加快实现低碳乡村社区的建设目标。

（3）为政府相关管理部门政策制定和相关理论研究提供参考

在理论研究的基础上，选取案例社区进行低碳营建，并建立不同类型乡村社区碳排放图谱，建构基于"碳排放源识别—空间影响要素—低碳营建策略"的乡村社区空间低碳营建体系。

1.2　乡村社区低碳营建研究进展

1.2.1　低碳社区相关理论与实践

（1）国外相关理论与实践

国外在社区能源方面，很早就构建了社区碳排放量的"碳足迹"评估模型，探讨低碳社区能源规划，生物质能源作为再生性能源对社区产生的影响，如何提高建筑物中能源效率等。较早的社区交通碳排放研究包括内斯等人（1996）；代表性研究如方魏肯表明社会经济和区位变量对碳排放具有更强的影响。国外对于住宅建筑碳排放研究较为成熟，已经具备成熟的绿色建筑评估标准，如美国能源和环境先导认证体系。还有一些学者从制度方面提出规划，认为能源消费受到更大的力量（技术、经济、人口和体制）的制约，个人的行动也取决于价值观和生活方式（图1.1）。奥兰德（2002）认为社会规范可以促使人们改变行为，并鼓励他们节约能源；伊芙 – 海斯 – 卡宁等也认为社区利益共同体意识的树立更有利于社区减碳。

低碳社区建设需要全面考虑有关社区的方面，包括能源利用、公共服务设施、环境绿化、资源回收、居民的生活方式和管理模式。在低碳乡

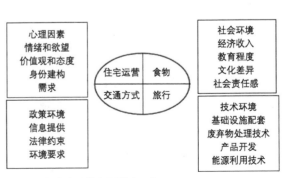

图 1.1　家庭碳排放主要影响因素

村建设实践方面，国外积累了丰富的经验。如法国构建了绿色低碳乡村民居；英国贝丁顿低碳生态村建设实践通过整体规划设计、建筑材料选择、节能设计、零碳能源供应、可持续运输、水处理、废物处理和回收、食物生产及供应等8类发展策略来建设零碳社区；德国的弗班区则强调策动社区民众积极参与社区各项可持续建设活动，使社区每年节省7777.78kW电量；瑞典斯德哥尔摩东南部哈马碧（Harmmarby）生态住区（图1.2）通过采用能源循环系统和低碳交通系统实现社区低碳运营。

图 1.2　哈马碧生态住区

国外对于低碳农村建设方面主要集中在能源领域，其中可再生能源的应用占主导地位。例如德国可再生资源局强调使用化石技术满足高峰负荷需求可以与生物能源村庄的概念兼容，并规定在平衡经济和环境影响的同时，至少应满足每年50%的供热需求和100%的电力需求；德国巴登－符腾堡州的案例研究指出，农村地区可获得的生物量（人均）是大城市的7倍；一些学者研究中国农村房屋屋顶的分布式发电系统，如光伏，风能，生物质或地源热泵技术（多尔蒂等，2004）。也有学者（菲利普斯，2015）借鉴英国农村经济和土地利用研究委员会的研究，关注位于英格兰不同地区的4个村庄居民在能源供应及其对气候的影响方面的态度和行动，从居民的环境意识、态度和行为探讨英国农村地区低碳转型的潜力。

国外研究普遍表明，在大多数城市化水平较高的发达国家，城乡差别越来越小，低密度"农村"地区的交通排放概况与低密度"城市"地区基本相同，并且，低密度地区与高密度地区相比往往有更高的排放量（格莱泽和卡恩，2010；琼斯和卡曼，2014），而且交通在各地区城市空间形态差异之间表现得最明显。

综上，可以发现国外专门针对农村地区的空间碳排放研究极少，针对社区低碳研究主要集中在能源、建筑和低碳意识方面，主要涉及农业能源消耗以及生物质能源再开发对碳排放的影响。

（2）国内相关理论与实践

我国传统乡村聚居社会"顺应地势""依山而居"的营建观与"和居至善"的人居观①反映了最早的乡村社区的低碳理念。众多学者如仇保兴（2012）、邢敏（2010）、顾朝林都分析了低碳理念对我国城市发展的重要作用，对生态、低碳发展的必要性达成共识。

其中，城市低碳空间布局规划技术主要集中在用地功能混合、土地与交通空间结构优化、公共交通对于城市低碳建设结构性的作用等方面。也有针对不同层级规划考虑的低碳技术。不同学者也提出了丰富的低碳社区建设评价体系和路径方法（表1.1）。

低碳社区评价与建设路径研究　　　　　　　　　　　　　表 1.1

丛澜等构建了城市社区可持续发展的评价指标体系
付琳、叶昌东等提出低碳社区体系包括技术、空间组织、制度和文化等内容
陈飞等强调混合使用和适度高密度，依靠公共交通联系，减少汽车使用
宋娟等认为低碳社区包括高效的能源系统、紧凑的空间结构、低能耗建筑、公共交通系统
黄文娟等认为低碳社区构建一方面要构建低碳物质空间环境，另一方面要引导低碳生活习惯
李志英、陈江美等提出引入低碳化规划设计理念、低碳化技术、高效能源系统、资源循环利用、实施低碳化运行管理、引导低碳生活方式

表格来源：根据文献整理

各国已有针对低碳社区的建设评价标准，如英国的建筑科研单位环境评价方法（Building Research Establishment Environmental Assessment Method，简称 BREEAM）社区体系，美国的绿色评估体系（Leadership in Energy&Environmental Design Building Rating System，简称 LEED）和日本的建筑物综合环境性能评价体系（CASBEE）。每个国家的评估系统都会考虑当地的经济、社会发展、居民的生活方式和气候条件。我国也颁布了《绿色建筑评价标准》GB/T 50378—2019、《绿色建筑评价标识管理办法》和《中国生态住区技术评估手册》《低碳社区试点建设指南》，其中农村社区试点的低碳建设指标体系包括空间布局、绿色建筑、低碳交通系统、能源系统、

① 古代《宅经》论述了民居与环境间的有机关系，"宅以形势为骨架，以泉水为血脉，以土地为皮肉，以草木为毛发，以屋舍为衣服，以门户为冠带，若得如斯，是事俨然，乃为上吉""人因宅而立，宅因人得存。人宅相扶，感通天地，故不可独信命也"。

水资源利用、固体废弃物处理、环境美化等。

综上，由低碳社区系统和主要碳排放影响要素可知，我国低碳社区的规划建设内容与理论研究框架可概括为图1.3。

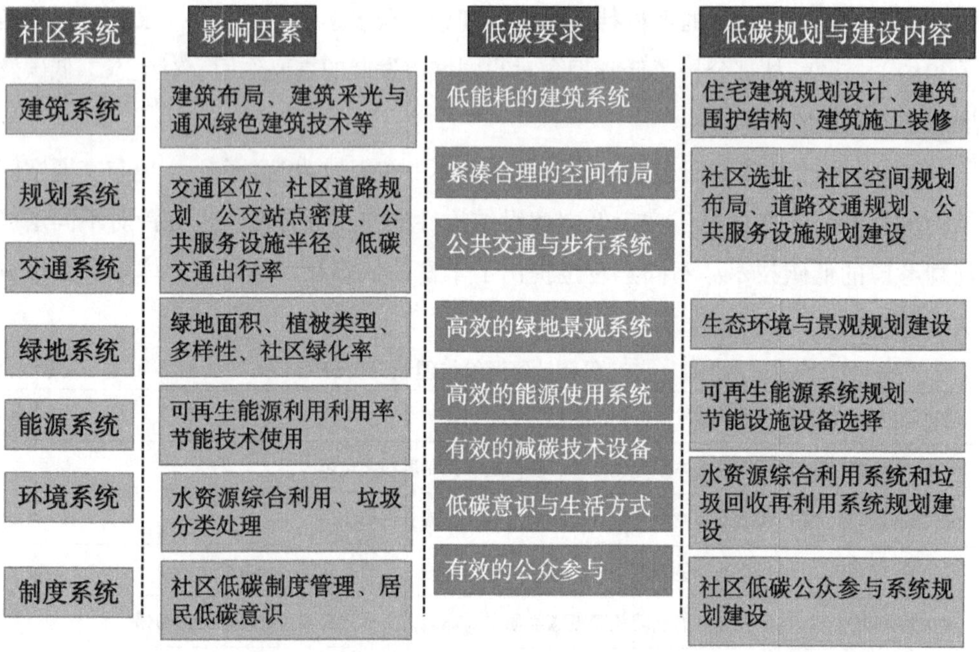

社区系统	影响因素	低碳要求	低碳规划与建设内容
建筑系统	建筑布局、建筑采光与通风绿色建筑技术等	低能耗的建筑系统	住宅建筑规划设计、建筑围护结构、建筑施工装修
规划系统	交通区位、社区道路规划、公交站点密度、公共服务设施半径、低碳交通出行率	紧凑合理的空间布局	社区选址、社区空间规划布局、道路交通规划、公共服务设施规划建设
交通系统		公共交通与步行系统	
绿地系统	绿地面积、植被类型、多样性、社区绿化率	高效的绿地景观系统	生态环境与景观规划建设
能源系统	可再生能源利用利用率、节能技术使用	高效的能源使用系统	可再生能源系统规划、节能设施设备选择
		有效的减碳技术设备	
环境系统	水资源综合利用、垃圾分类处理	低碳意识与生活方式	水资源综合利用系统和垃圾回收再利用系统规划建设
制度系统	社区低碳制度管理、居民低碳意识	有效的公众参与	社区低碳公众参与系统规划建设

图1.3 我国低碳社区的规划建设内容与理论研究框架

1.2.2 空间低碳营建的影响要素研究

（1）空间形态与碳排放相关性研究

空间形态的研究起源于20世纪50年代，马奇和马丁在英国剑桥大学创立了"城市形态与用地研究中心"（Urban Form and Land Use Research Center）开展空间形态的研究。不同国家、机构、学者都针对城市空间形态与低碳城市的相关性展开研究。国外大量的城市实证研究对于城市空间形态与城市碳排放的重相互影响关系达成共识（表1.2）。因为居住区二氧化碳排放的类型与特定地区的生活方式相关，而人的活动行为则受空间形态制约。

国内学者对空间形态与碳排放的相关性研究出现在近几年，通过对碳排放影响要素的识别，指导城市空间规划，研究主要聚焦在城市地区（表1.3）。这一阶段是国内学者对城市空间形态概念进行解读并对空间形态与碳排放关联性进行建立的阶段，不同学科研究视角不同，但都认同空间形态对碳排放具有重要的影响作用。

国外城市空间形态与碳排放相关性研究　　表 1.2

英国政府认为城市空间结构会导致城市无序扩张，增加各种交通需求，增加碳排放
巴西鼓励土地混合开发，构建低碳交通路网系统
澳大利亚鼓励提高土地利用的混合度，普及公共交通，加强低碳建筑建设，关注合适的街区尺度
西班牙认为城市密度和城市用地混合度是低碳城市建设的重要指标
梅尔·希尔曼，纽曼、肯沃西等强调通过土地混合使用、较高居住密度、步行交通友好，以达到节约资源实现城市的可持续发展的目标
萨拉特认为城市空间形态与局部小气候和能耗具有紧密联系
有学者认为通过控制城市空间结构与形态可以实现减少居民出行碳排放
格雷泽证实了城市形态与大都市二氧化碳排放之间的相关关系
塞韦罗提出社区层面的低碳空间形态的 5 要素：密度、多样性、设计、距公交站点距离、目的地可达性

国内城市空间形态与碳排放相关性研究　　表 1.3

主题	研究结论
①城市空间形态对碳排放影响作用	城市空间形态会显著影响碳排放量
	表现在交通碳排放和城市热岛效应
	影响要素包括空间结构、交通系统、生态系统、市政系统，街区形态、公共空间、建筑单体
	城市空间形态与建筑能耗具有关联性
②低碳城市空间形态规划	城市功能单元、用地布局是低碳城市规划的主要空间形态要素
	验证了我国 110 个地级市空间形态与城市碳排放的关系
	表明更为紧凑和较高密度的建筑能够减少建筑碳排放，混合土地利用的空间形态可以有效减少交通碳排放，有间接减排效果
③城市规划中的低碳措施	具体低碳措施包括用地混合使用和适度高密度社区开发的策略，依靠公共交通联系
	从用地布局、三维空间形态及土地开发强度构建低碳模式
	交通和绿地系统是落实适宜性的低碳理念的重要支撑系统
	控制开发强度，公共空间布局有利于城市低碳

（2）空间形态对碳排放影响机制研究

前期研究对"空间形态对碳排放具有重要影响"达成共识后，部分学者展开了不同层级空间形态对具体领域碳排放的作用机制探讨（表 1.4）。相关研究多从城市形态与交通碳排放关系，空间形态与家庭直接能源消耗（交通和建筑）关系，空间形态与建筑碳排放关系，三方面展开且研究都证实了城市空间形态与碳排放具有相关性。可以发现国内大多空间形态对交通碳排放影响的研究以城市为主，是因为对于城市来说交通部门是主要的碳排放源，城市居民的交通出行量要远远高于农村，相对来说农村地区远距离的出行量小。

空间形态对建筑碳排放影响研究　　表 1.4

类型	空间尺度	研究结论
①建筑群落	城市	住区密度会影响建筑能耗
	住区	紧凑型住宅建筑更加节能
	住宅街区	建筑密度小于 50% 时，围合型街区形态更有利于建筑节能
	社区	紧凑型社区户均能耗更低
	住宅组团	分散式住宅建筑能耗更高
	街区	街道形态可调节风热环境，促进建筑减碳
	住区	从绿色体系对微气候的影响视角提出通过绿化体系降低建筑夏季空调能耗
②建筑本体	建筑单体空间	不同建筑形式对于居民日常生活碳排放有显著影响
		强调了建筑设计在建筑全生命周期碳排放过程中的重要性

结合已有研究可以将"社区"空间形态低碳影响要素归纳为宏观影响要素和中、微观影响要素，宏观层面的影响要素包括社区规模、建筑系统、用地布局、交通系统、市政系统、绿地系统，中微观层面的影响要素包括开发强度、建筑空间、功能布局、道路组织、公共服务设施（以下简称"公服设备"）、碳汇强度。社区对碳排放的影响要素体系可概括为图 1.4。

总的来说，在社区系统减源碳和增汇视角下，已有的城市社区空间形态与碳排放相关性研究主要通过空间形态对交通碳排放系统和建筑碳排放系统两条路径展开。一方面是空间形态对人的通勤时间、距离和资源输送距离影响进而对交通碳排放的影响；另一方面是空间形态对微气候的影响，进而影响通风与热岛效应造成的建筑碳排放的变化。还有绿色生态系统空间形态对自然碳汇碳吸收来影响社区碳排放总量的研究。

1.2.3　乡村社区低碳营建研究

国内有学者提出农村社区建设的关键是社区的可持续性。低碳农村社区建设

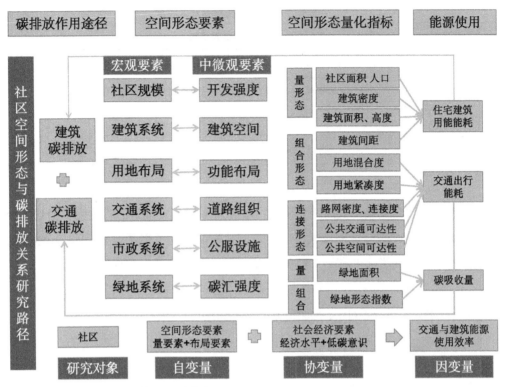

图 1.4　社区空间形态与碳排放关系研究框架

应鼓励能源供应自给自足，有效利用能源资源。减少建筑物的能源消耗，减少建筑物对自然环境的损害，促进社区可持续发展。低碳施工技术应被广泛采用在不同地区，包括农村住房建设、基础设施改善、居民消费、交通和住宅能源利用等。通过这种方法实现资源节约，包括节约用水和节约能源，节省电力和土地；开发新能源，提高资源利用效率，提高材料回收率；实现废物处理回收、无害处理和有毒物质控制。

　　就我国而言，现有低碳乡村建设研究以生态农居的实践研究为主，如吴良镛对张家港生态乡村人居的研究，刘加平对云南、西藏等地乡村的绿色生态人居研究，浙江大学王竹团队的绿色窑居社区营建。在绿色建筑的背景下，大量学者围绕农村住宅围护结构、天然采光、节能设计等方面展开了理论和实验研究，提出了农村住宅设计的适宜性节能技术策略。低碳乡村建设实践方面，不同地区学者都根据地域条件展开了相关研究（表 1.5）。

低碳乡村建设实践相关技术研究 表 1.5	
空间尺度	低碳技术
乡村聚落	结合当地建造技术、材料和能源，强调和发展以家庭为单位的生态庭院系统
农村住宅	建材低碳，建筑设计低碳，施工建造低碳，资源利用低碳化
农村住宅	低碳生活的理念
住宅建筑	规划建设、关键材料、围护结构和再生能源等方面

表格来源：根据文献整理

梳理发现，相比城市低碳规划研究，学界对乡村低碳规划的相关内容仍然缺少足够的关注，已有研究主要从规划建设内容引导和低碳技术两方面展开，具体的低碳技术与不同空间类型的衔接未被关注。

1.3 我国乡村社区的低碳营建现状

1.3.1 我国乡村碳排放现状

根据近几年农村碳排放计算结果发现（图 1.5、图 1.6），农村碳排放与城市相比虽占比较小，但是增长趋势明显。以 2021 年为例，对比城乡居民人均生活能源碳排放，结果表明大多数省份城镇居民人均生活能源消费碳排放大于农村居民，但是少数省份如湖南、江西等地出现相反的情况。农村生产、生活空间都呈现高碳趋势，所以乡村低碳建设相关研究应该成为广泛被关注的课题（图 1.7）。

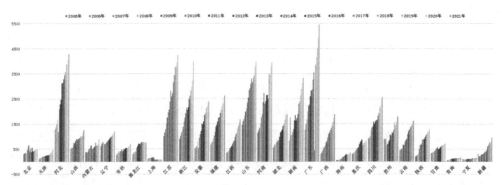

图 1.5 2005—2021 年我国农村生活能源碳排放（单位：万 t）
资料来源：根据《中国能源统计年鉴》能源平衡表数据计算

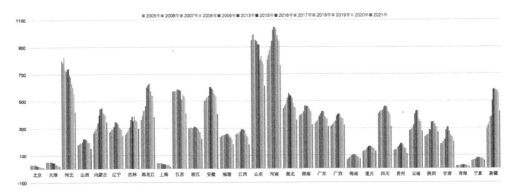

图 1.6　2005—2021 年我国农村生产碳排放（单位：万 t）
资料来源：根据《中国能源统计年鉴》能源平衡表数据计算

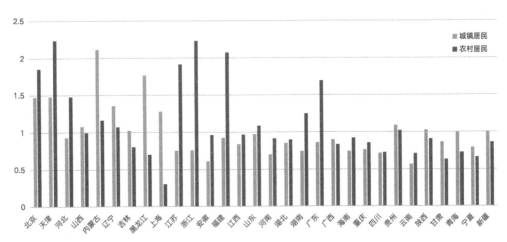

图 1.7　2021 年我国城乡居民生活碳排放（单位：t）
资料来源：根据《中国能源统计年鉴》能源平衡表数据计算

　　杨彬如对中国乡村碳排放核算结果表明，1999—2012 年中国乡村碳排放量的增速较快，生产能源和生活能源消耗造成的碳排放量增速较快。而乡村碳排放的理论研究主要集中在以下领域：乡村人居环境碳排放的高碳趋势及其影响因素，低碳旅游视角下的乡村旅游碳排放的研究，农用地碳排放及其影响因素研究，居民生活消费碳排放。众多研究表明已有建筑能源消耗和新建工程项目能源消耗是乡村振兴过程中重要的碳排放内容。而城郊融合型乡村社区在快速城镇化的背景下，空间的加速分化与重构势必会带来大量的建设活动，从而产生相应的碳排放。

　　一般，农村社区不同于有大量交通通勤的城市，其主要的能源消费主要来自家庭生活能源碳排放和生产碳排放，即生产（旅游，农业）和生活碳排放，这也启发了建筑学领域的学者将"低碳乡村营建"研究的视角放在通过空间设计对农村家庭直接能源碳排放的干预上。

1.3.2 我国乡村社区低碳营建研究

浙江大学王竹团队从"宏观、中观"层级对低碳乡村空间规划设计进行了集中研究：吴盈颖（2015）在其博士论文中从空间形态的低碳适应性解析出发，从社区、邻里、宅院构建了乡村社区空间形态低碳营建体系；王静（2015）以宅院为乡村居住空间单元建立"乡村基本单元"的绿色农居设计方法；范理扬（2017）从"低碳控制单元"，探讨空间结构、交通体系、建筑减碳、能源供给等各个领域的空间设计策略及营建导则；邬轶群、朱晓青（2018）等从产住关系视角，建构碳排放量化评估模型与乡村社区碳排放的空间图谱；石斌则以城郊融合型乡村为例探讨了不同产业类型的乡村社区的低碳营建体系。西安建筑科技大学刘加平团队则从最小的"微观"空间单元入手，探索绿色农居的空间模式，并在延安枣园开展了示范性建设。

总体来看，以上研究为低碳乡村营建研究奠定了基础，但是研究多是基于"空间形态"与"碳排放"的相关性进行低碳营建策略的探讨，缺乏与实际乡村空间发展需求的联系。社区低碳营建研究仍处于初期探索阶段，更多的是针对绿色、生态、可持续技术的研究。乡村社区的低碳营建具体营建内容还不成系统，尚未形成完整的理论研究系统。同时低碳营建策略的提出，多停留在文字策略上，结合实际案例进行低碳营建的成果较少。研究区域来看，以较为发达的浙江地区乡村和西部地区乡村为主，中部地区研究较少。同时已有的低碳社区营造研究中对于不同乡村类型的差异化低碳营建探讨较少，而不同类型乡村的空间建设实践活动存在明显差异，所以乡村社区低碳营建的差异化研究是当前研究的空缺。

1.3.3 城郊融合型乡村社区营建研究

（1）城郊融合型乡村相关研究

笔者以中国知网（CNKI）为数据库，通过 Citespace 软件对"近郊乡村""城郊融合型乡村""近郊地区"为主题词以及摘要关键词进行检索，对搜集的 824 篇论文进行分析，得出国内"城郊融合型乡村"研究关键词（图 1.8）。

学术界对城郊融合型乡村的关注由来已久，目前，国内对于近郊乡村农业、农业与相关专业融合、乡村旅游、乡村景观、产业集聚等方面的研究已有不少理论成果。可以归纳为几个角度，包括城乡融合视角下社区规划发展模式，近郊乡村产业

最强引用热点关键词

关键词	年份	关注度	开始	结束	1990—2021
城郊旅游	1990	3.59	**2003**	2007	
乡村旅游	1990	4.86	**2008**	2012	
城郊	1990	5.02	**2011**	2014	
休闲农业	1990	3.58	**2013**	2018	
近郊	1990	3.99	**2015**	2021	
影响因素	1990	3.8	**2015**	2021	
乡村振兴	1990	20.96	**2018**	2021	
近郊乡村	1990	8.19	**2018**	2021	

图 1.8 城郊融合型乡村研究关键词

图片来源：根据 Citespace 文献分析整理

转型发展，城郊融合型乡村空间特征及问题研究等。城郊融合型乡村存在的空间问题主要是产业转型过程中产业与空间发展的矛盾，主要表现为：用地因素限制了产业融合发展；存在用地性质混乱、用地置换、生态用地挤压等现状问题，反映在空间形态上就是乡村景观风貌被破坏，建筑布局无序、缺乏公共活动空间等问题。

（2）城郊融合型乡村社区空间营建研究

已有对城郊融合型乡村的研究团队，主要有以针对发达地区乡村的浙江大学团队和欠发达地区的西安科技大学、长安大学团队。有学者以基本生活单元解析社区的构成，从不同构成要素提出空间营建策略；有学者侧重乡村社区文化及空间演变；有学者侧重于新时代乡村转型发展背景下空间发展需求。从已有的研究来看，研究对象多为近郊的旅游型乡村转型发展及其对空间的影响。但是不同地区乡村转型所处阶段不同，乡村问题存在明显差异性，已有研究对象的全面性和丰富性还不足。同时，近郊型乡村作为城镇化影响最为明显的乡村类型，其资源要素流动、能源消费应该是最为活跃的，应该成为乡村能源消费碳排放研究中首先被关注的对象。

1.4 乡村社区空间低碳营建思路与方法

1.4.1 营建思路

在对乡村社区低碳发展的必要性达成一致后，建筑学可以为乡村社区的低碳营建做什么、怎么做是本书试图解答的问题。

做什么：社区空间形态低碳营建就是为了实现乡村社区物质空间、产业、经济、社会的可持续发展而有意识地对城郊融合型乡村社区空间营建进行引导，为空间形态优化过程中降碳减排提供理论基础和减碳策略。

怎么做：社区空间形态低碳营建一方面明晰当前乡村社区空间形态的构成、特征与组织机制，即针对不同层次的社区空间形态的决定要素，明确这些要素如何影响生产和生活活动，从而影响空间的形成；另一方面，明确当前乡村社区的生产、生活活动变化以及空间需求的变化，从而厘清乡村社区空间形态要素与社区碳排放的关联关系。

1.4.2　营建方法

本书主要包括基础研究、量化研究和机制研究三个层面，每个层面涉及不同的研究内容与相应的研究方法，以实现不同阶段的研究目标。

①基础研究：城郊融合型乡村社区空间形态与碳排放现状、空间生产背景下空间形态变化及其对碳排放影响研究。

这部分内容为全文研究的起点，对现状、变化特征、关键问题的识别必须真实有效，后续的研究才有实际指导意义。所以现状的识别主要通过实地调研、问卷调查和入户访谈的研究方法。对于不同类型城郊融合型乡村地区的碳排放特征，则通过 GIS（地理信息系统）绘制不同类型乡村社区的碳排放图谱，明确不同类型乡村社区碳排放源在空间分布上的差异性，以达到较好的可视化效果。

②量化研究：关于空间形态定量化的方法，根据前文已有研究方法的梳理发现，本书涉及社区、邻里组团、建筑不同空间层级的多个要素指标。所以针对单一尺度空间的要素量化方法不适用于本研究。而由于乡村社区建筑类型多样，无法获得一个社区的建筑样本参数，所以本书将根据不同空间层级使用不同的指标量化方法。关于空间形态的定量方法，查阅文献发现主要包括形状指数分析法、GIS、空间句法、远胞自动机、参数化平台等。形状指数分析法适用于分类研究与方案评价，GIS 适用于现状的分析与评价，空间句法适用于设计方案评价与优化，远胞自动机适用于村落演变的分析，参数化平台适用于方案的优化。由于本研究既涉及对乡村社区的分类，也涉及对建筑单体的参数化模拟，所以单一方法无法解决，必须通过多种方法的结合实现多要素整合。最终选择形状指数分析法和参数化平台实现"社区整体—邻里组团"和"建筑"两个层级空间形态量化。

首先通过景观分析软件 Fragstats 的指数分析法获取"宏观—中观"层级不同指标的定量数据，再基于建筑学的能耗模拟软件建立建筑单体层级的典型模型实现"微观"层级量化。

③机制研究：城郊融合型乡村社区空间形态与碳排放的关联关系研究。

这部分内容涉及两个要素的相关关系，但由于研究中空间形态涉及多个层级，量化方法不同，所以二者的相关性研究方法也随之适应。首先，"社区—邻里组团"空间形态与社区碳排放总量和交通碳排放的相关性研究，是通过 SPSS 数理统计分析软件中主成分分析的方法，分析空间形态指标数据与碳排放数据的相关关系，并通过 Matlab 进行回归分析，得出最利于减碳节能的空间形态指标值；其次，微观建筑层级则通过能耗模拟软件获得不同建筑布局形态和建筑单体空间形态对能耗的影响，并得到适宜的建筑空间形态参考值。基于碳排放模拟的方法，既可以解决建筑单体空间形态量化的问题，又可以通过模拟获得碳排放的数值。综合来看，针对多要素的相关性研究，两种方法的复合使用使得空间研究更加深入。值得注意的是，典型建筑模型的建立需要贴近实际，建筑模型参数以实际调研获取为准。

第 2 章 乡村社区空间低碳营建相关理论基础

2.1 基本概念解析与界定

2.1.1 空间形态相关概念

（1）乡村空间

空间是从人地关系地域系统派生出来的产物，包括自然空间以及人类通过实践活动改造的实体空间；对乡村空间的理解与认识应以"人地关系"作为理论基础，建筑学对空间的研究则以具象的物质空间为主。

图 2.1 绘画作品《启示》中的"同构异形"
图片来源：王昀.传统聚落结构中的空间概念[M].2版.北京：中国建筑工业出版社,2015.

聚落空间也是乡村空间研究的主要对象，任何乡村空间研究之前都应该厘清聚落空间组成与居住者的空间概念的相关性。对于聚落空间和空间概念的理解可以借鉴埃舍尔的绘画作品《启示》（图 2.1）。

我们将小鸟看作聚落中的空间组成，三角形看作聚落中人的空间概念，则聚落的空间组成和聚落表现出来的空间形态之间的关系可类推为"同构异形"和"隐藏"的关系。可以说乡村空间[①]是居住者空间概念物象化的产物，居住者将聚落进行物象化的过程大致分为两个阶段：第一阶段是伴随对聚落地形环境的选择过程而进行的空间概念的物象化；第二阶段是根据居住建筑的营造而进行的空间概念的物象化。

根据尺度的不同，乡村空间可简单划分为三类：微观空间、中观空间和宏观空间。微观空间主要是指最小的住宅建筑空间，中观空间主要指邻里组团空间，宏观空间则指整个乡村社区空间。本书研究的空间主要是乡村社区的物质空间环境，

---

① 下文提到的"乡村空间"均指乡村居住者生产和生活的各种规模形式的聚落空间。

包括住宅院落、道路、基础设施等维持乡村生产、生活活动的物质空间，还包括农田、水体等自然生态空间。通过各类空间的有效组织和调整实现"用地集约、空间高效，生活空间宜居，生态空间秀美"的乡村"三生空间"协调（图 2.2）。

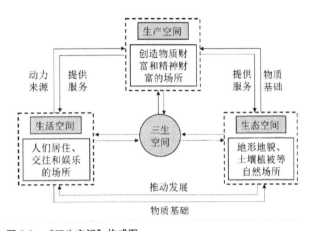

图 2.2　"三生空间"构成图

图片来源：刘丰华 . 基于"三生空间"协调的西安市乡村空间布局优化研究 [D]. 西安：长安大学 ,2019.

（2）空间布局

乡村空间布局指的是某一时间内乡村空间体系内的物质构成要素在某个地理空间上的组合形式或分布排列状况，也是居住在乡村聚落中的人们以及建造聚落的人们的空间概念的产物，是伴随着居住者的建造行为逐渐形成的空间表现形式。居住者建造聚落的行为与人的身体像（Body-Scheme）[①] 有着密切关系。群体受身体像影响对聚落空间布局形成的影响过程可概括为图 2.3。

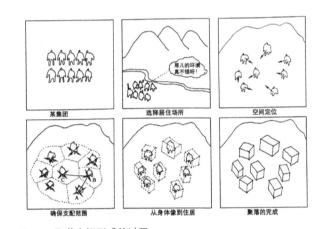

图 2.3　聚落空间形成的过程

图片来源：王昀 . 传统聚落结构中的空间概念 [M].2 版 . 北京：中国建筑工业出版社 ,2015.

社区的用地空间布局会间接决定社区能量流通效率，高密度、高混合紧凑型的用地空间布局比分散型的空间布局更有利于提高建筑、交通系统和基础设施的能源使用效率。我国乡村社区空间布局形态可分为卫星式、条带式、团状式、自由式等四种类型。

---

① 身体像是指通过人的身体的运动和体位的变化，从而认识到恒常的自身的身体像的变化，身体像具有坐标性质，即方向感，同时身体像不仅仅指物理的身体，它支配着一定的范围。

（3）空间形态

吴良镛先生在《广义建筑学》一书中对聚落空间的解释是："一个聚落的组成，固然要有人工的构筑物，还包括构筑物之间的组合的内部空间，以及外围的自然环境。"道萨迪亚斯在人类聚居学研究中认为，形态指的是聚居的外观形象，主要表现为平面及空间高度上的形态。

凯文·林奇在《城市形态》一书中认为聚落形态（物质环境）一般指城市中大规模的、静态的永久的物质实体，如建筑物、街道、设施、山丘、河流、树木等。他还认为任何一个永久的聚落形态应该是把人类与自然联系起来，形态与功能相互吻合的，可以通过空间适应活动来实现，也可以反过来，两者相互适应。

东南大学段进教授认为，空间形态本质是一定的地理环境和社会环境综合作用下，人类活动作用的结果；周若祁在《绿色建筑体系与黄土高原基本聚居模式》一书中认为，空间形态科学研究的对象包括物质环境空间和自然环境，包括空间功能、形态、人与空间的关系等研究内容。

总之，乡村社区的空间形态是社区空间结构的表现形式，包括物质形态与非物质形态。其中，物质形态包括建筑的空间组合方式、建筑的本体形态。广义的乡村空间形态可以理解为乡村的道路、基础设施、住宅、农田等要素的整体分布状态。本书研究对象城郊融合型乡村社区的空间形态，主要关注物质环境形态，社区空间形态包含微观层级的建筑单体空间、中观层级的邻里单元空间和宏观层级的社区整体空间状态，同时也包括了它们的位置、布局与组织方式等。

（4）空间形态要素、层级与指标

本书涉及的乡村社区空间形态的物质要素主要是村民居住的生活空间，如住宅、庭院、街道、公共广场等。

空间形态的指标确定是空间形态定量化研究的前提。社区层级的空间形态相关研究较多，指标已经较明确。已有学者，如秦波从密度指标、多样性指标、可达性指标进行社区空间定量化研究；姚尚远认为社区的体量规模、人口集聚规模[①]、公共交通设施规模包括公交站点、公交线路等，会影响社区居民出行效率和建筑能耗；周鹏从空间规划视角提出居住区的空间形态管控指标包括规模、容积率、建筑高度、建筑布局形式。可以看出，已有研究中"规模""建筑密度""容积率""可达性""平

[①] 目前我国城市社区规模分为居住区（30000~50000人，10000~16000户）、小区（10000~15000人，3000~5000户）、组团（1000~3000人，300~1000户）三种级别，其主要分级依据是人口集聚规模。一般以小区级别来确定人口聚集规模是比较适宜的。

面形态""建筑高度""街巷空间高宽比"都是描述乡村整体空间形态的必要性指标。其中建筑密度、容积率、建筑高度是国土空间规划中法定的空间规划指标，但是乡村地区建筑高度一般为 1~3 层，建筑面积不超过 $300m^2$，容积率也相对统一。所以本书暂不考虑建筑高度和容积率 2 个指标，将社区整体层级的空间形态指标确定为总面积、建设用地面积、建筑密度、整体形状指数、周长面积分维度 5 个指标。

乡村邻里组团是以宅院单元为起点，依据相似生长原则形成的居住组团，也可以理解为宅院群组，是村民日常活动交往的基本单元。邻里组团内基本要素包括宅院、宅间路、公共空间。邻里组团内建筑的布局组合方式、建筑聚合程度都直接影响着建筑群的微气候，从而影响建筑碳排放。邻里组团之间以及组团内部道路连通性、公共空间的可达性则决定了村民日常交通行为方式，从而影响交通碳排放。乡村社区邻里空间形态主要反映的是"组合形态"与"连接形态"，其次还有"中心邻里空间布局形态"，包括建筑之间的组合关系、道路的连接关系、公共空间的可达性。所以将邻里组团尺度的空间形态指标确定为居民点聚合度、居民点连接度、道路形状指数、道路连通指数、公共空间可达性 5 个指标。

建筑单体尺度则参考建筑节能设计规范中的对建筑形态的控制指标，如建筑朝向、开间进深比、建筑间距、建筑窗墙比、建筑体形系数等 5 个指标。

本书力图从指导乡村规划实施的"实用性村庄规划"的编制内容，及其所涉及的管控内容来进行"社区—邻里"层级空间指标的选取。首先，参考乡镇国土空间总体规划控制指标，如用地规模、建设用地占比、经营性建设用地建筑密度、建筑高度，希望将空间的低碳营建与乡村国土空间规划指标衔接。同时，参考《湖南省村庄规划编制导则》的规划编制内容，如建设用地规模和布局、居民点布局、公共服务设施布局、道路规模密度、住宅建筑高度和面积，明确了相关规划指标，包括建设用地边界和规模、公共服务设施规模、住宅高度、间距、面积等控制性指标。所以"社区—邻里"层级空间规划指标主要包括"规模、密度、边界、布局指标"四类。"建筑"设计层面的指标参考地方性的城市设计导则，如《北京市城市设计导则》《广州市城市设计导则》中的空间设计指标，如建筑朝向、间距等布局形式，以及绿色建筑领域对建筑形态的控制指标。

基于以上对乡村社区不同层级空间要素和指标的梳理，本书最终确定城郊融合型乡村社区空间形态主要从社区整体、邻里组团、建筑单体 3 个空间层级进行梳理，涉及 3 个空间尺度，6 个空间形态维度，共 15 个空间形态指标。乡村社区空间形态层次与指标要素构成包含：宏观层面的社区规模、密度、复杂度和形状指数；中观层面的邻里空间集聚与分散的状态以及组团之间的道路网络形态等；微观层面建筑单体的朝向、间距、进深开间比、窗墙比、体形系数。空间形态层级和要素如图2.4所示。

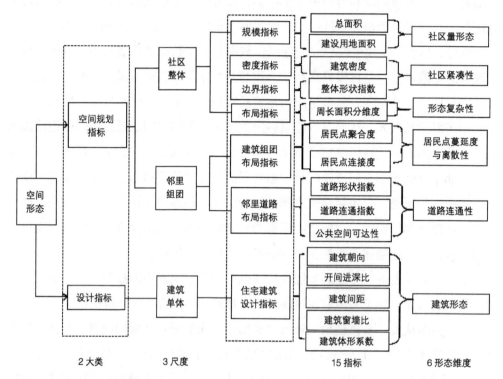

图 2.4　乡村社区空间形态层级和要素

2.1.2　乡村社区相关的概念界定

（1）社区

西方对社区研究较早，如费迪南德·滕尼斯著作中关于社区的含义就十分广泛，不仅包括地域共同体，还包括血缘共同体和精神共同体；马克斯·韦伯把社区定义为聚落和居民点，认为都市社区为交易型的聚居点；埃雷奥特和迈雷尔认为社区是地域界限与心理一致的复杂的社会聚合体，把存在于现实中的具象与居民心理抽象概括为社区的两要素。费孝通先生则认为文化和地域认同感是社区最基本的要素特征。从中西方对社区定义和研究的讨论来看，都是指一定界限内既包含物质环境又包含非物质要素的聚居点，具有组织生活的职能，且物质环境的变化会引导非物质要素的传承和发展。不同研究视角的学者对社区的关注点不同。

（2）乡村社区

首先，对于乡村的概念，我国社会学家费孝通使用"乡土"一词代表乡村，称之为"乡土社会"。袁镜身在《中国乡村建设》一书中认为："乡村，是相对于城市的、包括村庄和集镇等各种规模不同的居民点的一个总的社区区域概念，又通称为农村。"所以"农村"与"乡村"虽叫法不同，但是都是指非城市地区，以下叙述中将一律使用"乡村"的表述。

对于乡村社区的概念，费孝通于 1935 年第一次将国外研究中的"Community"一词翻译成"社区"，表示一种"地缘组织的人类共同体"。乡村社会学家杨愈春认为："一个完整的农村社会需包括一群农民家庭、数个至十余个的村、一个集镇及集镇与其周围各村所形成的集镇区，这样一个农村社会其实就是乡村社区。"国家层面在 2006 年提出"农村社区建设"，并在 2015 年发布的《关于深入推进农村社区建设试点工作的指导意见》中将农村社区界定为"农村社会服务管理的基本单元"；所以"乡村社区"只是在政府部门对乡村治理、社会服务的管理方式下产生的叫法，它可以是一个行政村作为一个社区管理的基本单元，也可以是几个行政村作为一个社区管理的基本单元。其中一个行政村又有可能由几个自然村组成。本书为方便，参考相关规划资料和数据，以行政村作为研究范围。

（3）城郊融合型乡村社区

2019 年，国家层面根据区位条件、资源禀赋明确了集聚提升类、特色保护类、城郊融合类、搬迁撤并类等乡村分类方式。从国家层面来看，城郊融合型乡村与其他类型乡村不同在于，这类乡村属于城市近郊区以及县城、城镇所在的村庄，地理位置上靠近城市，也有向城市转型的条件。这类乡村被要求形态上保留乡村风貌，治理上体现城市水平，服务城市发展、承接城市功能外溢、满足城市消费需求，为城乡融合发展提供实践经验。由于受城镇化影响最为明显，这类乡村的资源要素流动、能源消费方式都较为活跃，不管是物质环境建设、社会环境改造、生产生活方式都走在城乡融合发展的实践前列。

近年来城郊融合型乡村依托交通优势、田园风光发展现代农业、休闲旅游等产业，建设田园综合体。所以田园综合体成为城郊融合型乡村的重要发展模式。相对于普通近郊乡村来说，新的田园综合体发展模式下城郊融合型乡村出发点是农村不进城、人口生活居住方式的现代化和生产方式的升级与生产质量的提高，其突出特征是注重生产、生活、生态的同步发展。

为进一步明确本文所指城郊融合型乡村的范围与特征，再次将城市社区、乡村社区（偏远乡村社区、近郊乡村社区、远郊乡村社区、新型乡村社区、城郊融合型乡村社区）不同的概念及内涵和特征进行梳理（表2.1）。

城市社区是具有现代化生活方式的综合空间；城中村是"城市中的村庄"，城中村社区就是社区化的城市村庄，由原自然村落社区转变成现代城市社区，在类型上也属于城市社区。

乡村社区以农业为主要生活生产方式，又可以根据圈层结构理论，依据其与城市的距离划分为偏远乡村社区和城郊融合型乡村社区。城郊融合型乡村社区又可细分为近郊乡村和远郊乡村，近郊乡村和远郊乡村都属于城郊圈层。新型乡村社区不以距离为分类标准，一般为因旧村改造、拆村并点而新建的集中安置小区，是以政府为主导的传统乡村社区的升级版。

不同类型社区定义、空间形态特征和关键词　　　　表 2.1

	社区	区位	空间特征	人口构成	关键词
城市地区	城市社区①	城市物质空间系统内	统一规划，有组织，相对规整	流动的人口	"城市居民""现代化""基础设施完善"
	城中村社区	城市区域内城市边缘区	自然无序发展	流动的人口	"无农业用地""现代化"
乡村地区	偏远乡村社区	距离城市较远的乡村地域范围	传统乡村聚落特征，分散均质	相对稳定、具有一定血缘关系的人群	"地域性""血缘关系""自发形成""传统乡村"
	近郊乡村社区	城市边缘地带近郊圈层	分散布局，建筑风貌良好	本地居民、游客、外来管理经营者	"近城市""田园风光""交通便捷""基础设施相对完善""产业基础"
	远郊乡村社区	城市边缘地带远郊圈层	建筑密度低，生态涵养区	本地居民、游客	"近城市""生态优美""城郊休闲旅游目的地"
	新型乡村社区	乡村地域范围内的新建集中安置小区	兼具乡村城市双重空间特征，相对集中	农业与非农业兼具，相对稳定，均质性的人口构成	"新建社区""认同感""归属感""基础设施完善""开放""向现代化发展"
	城郊融合型乡村社区	城市近郊区城镇开发边界或城镇发展带范围内	乡村聚落风貌，经过统一规划，建筑风貌良好	本地居民、游客、外来管理经营者、技术人员	"田园风光""产业转型""城乡互动""三生功能同步提升"

表格来源：根据文献整理

---

① 城市社区定义源自城市社会学，如张鸿雁认为城市社区建设是由建筑结合起来的，并由居住关系构成的现实社会的社会空间发展过程（张鸿雁.侵入与接替：城市社会结构变迁新论 [M].南京：东南大学出版社，2000）；陈柳钦认为城市社区是指城市中由居民所形成的以区域为纽带的社会共同体，社区是社会与空间的统一体（陈柳钦.现代城市社区的内涵、特性与功能 [J].郑州航空工业管理学院学报，2008（12）：48-55）。

虽然国家层面乡村分类中将城市近郊乡村和城镇所在地村庄统称为"城郊融合类村庄"，但是城郊融合类乡村仍然属于城郊型乡村，地理位置上属于城市郊区圈层范围内。城郊型乡村（近郊型、远郊型）、城郊融合类村庄（近郊区）、城郊融合型乡村（近郊区）虽然称呼上不同，但是所指的是同一类乡村。本书则顺应国家与湖南省的定义范围，确定近郊区为城郊融合型乡村范围，如图2.5所示。

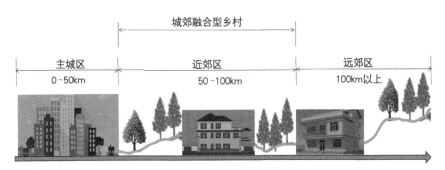

图 2.5　城郊融合型乡村社区范围

城郊融合型乡村由于其近城市的地理位置优势和优越的交通基础设施，因而成为城镇化进程中产业结构、发展模式、空间功能变化最为显著的区域。在田园综合体发展模式下城郊融合型乡村社区相对于其他社区的特殊性与建设关键内容可概括为图2.6，社区三生空间优化的需求和伴随的能源需求的增长现实都说明城郊融合型乡村社区空间优化过程中对"碳"的控制是非常重要的内容。

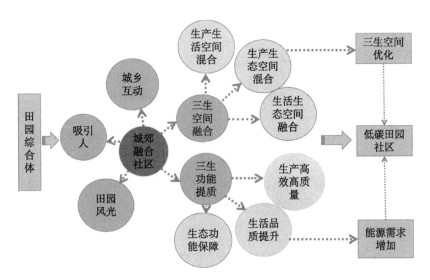

图 2.6　城郊融合型乡村社区的关键特征与建设需求

2.1.3 低碳社区相关概念

低碳社区是在低碳城市建设中衍生出的社区建设模式，也是低碳理念在社区层面的实践，是运用低碳经济、低碳城市、低碳生活等新理念，规划发展形成的可持续宜居社区。不同学者对于低碳社区的定义有所不同（表2.2）。吴智刚等学者认为低碳社区的空间环境构成要素包括低碳空间环境、低碳意识及低碳行为等（图2.7）。

低碳社区的不同定义　　　　　　　　　　　　　　　表2.2

机构/学者	低碳社区定义与关键词
国家发展改革委	优美的自然环境、低能耗建筑、绿色生活方式和管理模式，资源能源节约型社区
国内学者	低碳社区的核心是零能源消耗系统
	通过能源循环利用最大限度地减少碳排放
	具备紧凑的空间结构、低能耗居住建筑、公交系统和步行优于小汽车使用、低碳生活方式的社区
	空间结构合理，建筑低碳、环境生态优美、交通体系化，低碳生活方式

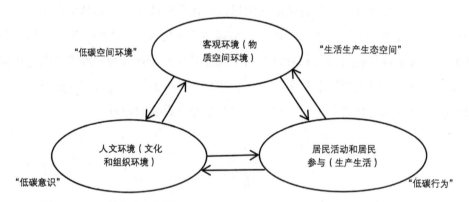

图2.7　低碳社区的空间环境构成要素与相互关系

图片来源：吴智刚，缪磊磊.城市生态社区的构建研究.华南师范大学学报（社会科学版）[J].2005（5）:43-49.

综上，低碳社区是指在低碳可持续发展理念指导下，通过合理的空间布局、低碳技术、低碳居民生活方式有效减少碳排放的社区。其中低碳构成要素可概括为物质环境、技术、人文环境三方面，主要包括：紧凑的空间结构布局、低能耗的建筑系统、公共交通与步行系统、高效的能源使用系统、低碳意识与生活方式、有效的公众参与（图2.8）。

本书力图从乡村空间规划与设计的视角来研究不同层级空间形态对碳排放的影响，以城郊融合型乡村社区作为案例去谈空间低碳营建则更有意义。

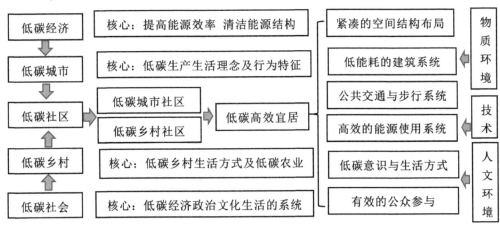

图 2.8　低碳社区的概念演进与低碳构成要素

2.1.4　碳排放相关的概念

书中与"碳"有关的概念和术语较多，这里结合城市生态经济系统碳循环研究的特点，对涉及的主要术语进行概念界定。

①碳源（carbon source）与碳汇（carbon sink）：碳源是指向大气中释放二氧化碳的过程、活动或机制，二氧化碳是构成气候变化最大贡献者的温室气体（IPCC，2014），主要来自自然和人为两部分。自然的碳源首先包括微生物分解死亡物质时直接释放到大气中的二氧化碳，其次就是森林火灾和火山爆发时释放的二氧化碳。树木和植被吸收空气中的二氧化碳并释放氧气，该过程称碳汇。

②碳储量（carbon storage）：城市生态经济系统中碳的储存量的大小，包括自然碳库和人为碳库（单位：t）。

③碳通量（carbon flux）：城市生态经济系统碳的输入或输出量（单位：t），包括碳输入通量和碳输出通量两种。

④碳流通（carbon circulation）：碳在城市生态经济系统内部以及与外部系统之间的流动过程统称为碳流通。

⑤碳足迹（carbon footprint）：吸纳碳排放所需要的生产性土地（植被）的面积（单位：hm^2），是一种逆向补充碳汇所需的成本。

⑥碳循环系统：农村人居环境是由农村社会环境、自然环境和人工环境共同组成的，是对农村的生态、环境、社会等各方面的综合反映。自然生态环境和社会文化环境构成了农村居民生产生活的外部环境，居住条件、基础设施等构成农村人居

环境的内部要素。农村与城市在功能上类似，仍然是以满足农村居民生产生活、出行、住房、食物和生活方式等主要功能的复合系统，所以农村碳循环系统与城市相同可以概括为图2.9。

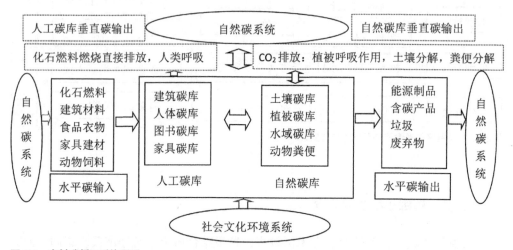

图2.9　农村碳循环系统图示
图片来源：参考赵荣钦等关于"城市碳系统"图示表达

⑦碳排放核算：社区碳排放分为直接碳排放和间接碳排放。直接碳排放的排放源包括社区建筑等固定碳源和交通工具产生的移动碳源两类；间接碳排放主要来自能源输入过程中产生的能源消费碳排放。此外，家庭间接碳排放还包括废弃物处理过程中产生的能源碳排放。同时生态用地可以存储碳和吸收碳，所以低碳社区净碳排放测算应该减去绿地碳汇。

多数学者对碳排放量的测算是采用的IPCC的碳排放计算方法。即由能源消耗量与对应能源的碳排放系数乘积决定，碳排放量计算公式如下：

$$C = \sum_{i=1}^{i} \sum_{j=1}^{8} (E_{ij} \times \sigma_j \times \theta_j) \tag{2.1}$$

式中，C表示研究区域的碳排放量，下标i表示终端能源消费中不同产业类型，如农业生产、旅游业、食品加工、批发零售以及餐饮、交通运输等，下标j表示不同的能源类别；σ_j和θ_j分别表示化石能源的标准煤折算系数和不同能源的碳排放系数。由于农村数据统计缺失，本文农村碳排放的研究仍然是通过实地入户调研主要能源消费量来测算碳排放量，主要包括生活空间的能源消费，如表2.3的各类能源。各碳源/碳汇的碳排放系数，主要参考联合国政府间气候变化专门委员会（IPCC）

和国内外现有文献成果确定。

各种生活能源的标准煤折算系数和碳排放系数（IPCC）　　表 2.3

能源类别	标准煤折算系数 （kg 标准煤 /kg）	碳排放系数 （kg/kg标准煤）	能源类别	标准煤折算系数 （kg 标准煤 /kg）	碳排放系数 （kg/kg标准煤）
原煤	0.7143	0.7559	煤油	1.4714	0.5714
焦炭	0.9714	0.9714	柴油	1.4571	0.5921
原油	1.4286	0.5857	燃料油	1.4286	0.6185
汽油	1.4714	0.5538	天然气	1.3300	0.4483
液化石油气	1.7143	0.0030	电力	0.1229（kg 标准煤 /kW·h）	0.2513 tC/MW·h

2.1.5　社区低碳营建

社区营建是居住在同一社区内的居民，通过长期持续的集体行动来共同解决某些问题，达到相同的社区建设目标，这一过程即为"社区营建"。也可以理解为在确定聚落选址和布局之后，人们开始对聚落人居环境的共同建设和经营。

本书将"社区低碳营建"的概念界定为：通过多方持续性的活动，针对乡村产业的转型升级一系列乡建活动过程中出现的高碳排放问题，通过空间规划设计过程中的低碳规划设计技术，最终达到社区"三生功能提升"和"三产融合"目标的同时也实现"三生空间"的碳排放最小化，最终建设成为宜居宜业的低碳乡村社区。

如何高效组织不同产业类型空间才能既服务于新型的产业体系又实现生产过程中碳排放减少，是"生产空间低碳营造"的主要目标。社区在"生活功能"提质上要求不仅可以满足村民日常生活的功能需求，同时可以满足旅游服务空间品质提升要求。社区在生态功能提升上优化社区绿化系统的碳中和功能，最大限度地吸纳二氧化碳，同时考虑生态景观作为观光旅游要素和农业用地本身的生产功能。

2.2　乡村社区空间低碳营建理论基础

本章是对研究问题的特征与整体研究框架的说明，阐述相应的理论基础与研究路径。由于本文是以当前城郊融合型乡村的空间变化事实为基础，以解决新的空间功能与问题为出发点，在进行空间功能优化的同时以实现空间利用的低碳适应性，所以在理论基础上主要从"空间生产理论""空间形态与低碳营建关系"两方面进行阐述。

2.2.1 空间生产理论

2.2.1.1 空间生产理论的发展

空间生产理论出自列斐伏尔，用以揭示空间发展背后的社会关系变化的理论，是由"空间表征""空间实践"与"表征空间"构成的三位一体的理论分析框架。空间表征是一个抽象的空间，是政府官员、投资者、设计师们规划设计的空间，空间表征往往具有主导性，控制和影响着表征空间和空间实践；空间实践是对物质性空间的改造过程；表征空间是具体的空间使用者生活和体验的空间，是受"空间表征"和"空间实践"影响下产生的空间，是一种社会空间。理论指出"乡村空间生产包含权力运作、资本运营和利益互动关系，控制生产的主体控制着空间的生产，进而控制着社会关系的再生"。

城郊融合型乡村社区作为快速发展的乡村类型，从空间生产理论的角度来分析其空间组织与变化特征，可以梳理清楚城郊融合型乡村有哪些不同的转型模式、不同转型模式下乡村社区空间变化特征是什么以及分别对碳排放有什么影响，同时可以发掘其背后的作用机制与作用主体。

2.2.1.2 乡村转型与空间生产的关系

传统的乡村聚落以农业生产为主要的生产方式，生产功能单一，且生产与居住空间距离较近；在转型发展背景下乡村空间功能多元化，不再是单一生产功能，伴随着旅游业的发展出现了休闲旅游、康养度假等多元化空间。尤其是距离大都市较近的乡村，出现生产空间向消费空间的转变，从传统的生产空间和居住空间转变为生产、消费、居住等多类型空间共存体（图2.10）。

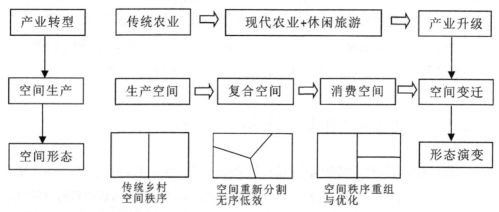

图 2.10　基于空间生产的空间升级与形态演变图

图片来源：杨洁莹，张京祥，张逸群.市场资本驱动下的乡村空间生产与治理重构：对婺源县 Y 村的实证观察 [J].人文地理 ,2020,35（3）:86-92.

自 2006 年新农村建设实施以来，湖南省乡村转型进入新时期。经计算，湖南省产业转型率在 2017 年达到 56.44%，而浙江省达到 98.61%。不同于以乡村工业化为动力的"苏南模式"，湖南仍然处于产业转型初期，具有很大的发展潜力。随着生产方式的改变，乡村发展对各类空间提出更高的要求。基于空间生产视角对湖南不同转型模式下的空间变化进行研究，可以更好地理解城乡发展过程中乡村差异化的空间生产模式，实现对低效无序空间的秩序重组与优化。

2.2.2　空间形态与低碳营建关系

本书的研究目的是以当前城郊融合型乡村的空间变化事实为基础，以解决新的空间功能与问题为出发点，探究空间形态与碳排放的相关关系，通过空间设计实现乡村社区人为碳输出通量的减少。所以厘清乡村社区空间形态演变中变的到底是什么、如何实现空间的优化与重构、空间变化又是如何影响碳排放的变化、空间营建到底是营建指导哪些层级的空间单元这些问题，是重要的理论研究基础。

2.2.2.1　空间形态演变与重构理论

空间形态的演变与重构是对现代社会生活的需求的反映，空间形态的"显性"表现形式与空间使用者的生活习惯、文化价值、社会观念、社会组织这些"隐性"要素的功能需求息息相关。当前城镇化进程下，农村产业结构升级、人口流动、土地制度等正在持续影响农村生产生活环境，乡村地域空间本体受到外来资源要素，如资金、游客、政府的共同作用，空间生产实践正在发生，需以一种多要素影响的复杂系统视角看待乡村空间的变化（图 2.11）。社区作为乡村聚落的基本单元，其生产结构、人口结构、建设主体与用地经营模式会直接影响居民生产生活方式，从而反映到空间形态变化中。

2.2.2.2　空间形态与低碳营建的关系

国外有研究表明城市碳排放总量与城市形态的关系是复杂的，但合理的路网形态可以减少交通运输能耗。我国已有的空间形态与碳排放关系研究从城市、社区不同尺度用地形态探讨用地形状指数、斑块密度等不同景观格局与碳排放关系，明确了不同景观尺度的空间格局对二氧化碳排放的影响机制不同，但紧凑度和用地集约度是重要的碳排放空间形态影响要素。

空间形态对碳排放的影响主要是通过空间形态对人的活动范围、活动行为产生影响，间接地影响居民生产、生活活动能源的使用，进而影响碳排放。具体的影响作用过程可概括为以下几个方面：

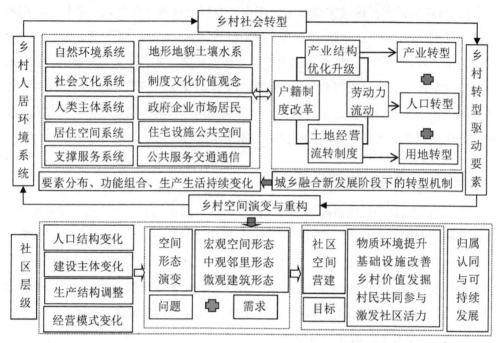

图 2.11 乡村（社区）空间形态演变与重构理论

①社区尺度的空间形态，如社区的面积、建筑密度、功能混合度等要素会以总量的形式影响社区整体碳排放水平，增加碳通量。农村碳系统拥有更强大的自然碳库，可看作可以自我调节的生物体，即景观空间形态也会影响碳系统的自我调节能力，从而影响社区整体碳汇能力。由于农村景观类型的多样性和景观碳汇指数的不确定性，本书暂不考虑碳汇部分计算。

②社区邻里组合形态，如邻里组团的聚集度会影响不同组团之间居民交往的交通碳通量，其次邻里组团的空间形态，如居民点聚合度、连接度等形态会影响建筑系统的碳通量。

③道路空间形态会影响交通碳输入/输出通量和碳流通强度，因为居住地与就业地和公服设施的距离会显著影响交通工具使用，从而影响交通碳通量。

④微观建筑形态，如建筑朝向、布局形式、窗墙比、体形系数等空间形态指标会影响建筑的能耗从而影响建筑碳排放通量。

社区不同层级空间形态与农村碳循环系统的相互影响关系如图 2.12 所示，本书则主要研究碳源部分与社区不同层级空间形态关系。

乡村社区空间低碳营建即通过社区空间形态要素的控制，约束和引导空间主体

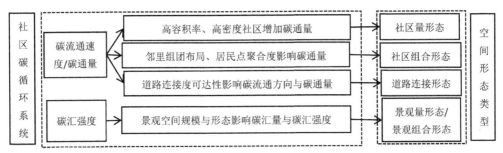

图 2.12　空间形态要素与碳循环系统关联关系

"人"的活动行为，减少人的活动行为过程中的能源使用量，从而达到社区碳排放减少的目的。修建性详细规划直接指导和决定各项建筑和工程设施及其施工方法，是最有效的落实低碳建设目标的规划类型。修建性详细规划的主要空间控制指标包括总平面布置、建筑设计引导、道路交通组织设计、景观绿化布置方案、综合管线布置、竖向设计等内容。由于本书仅探讨乡村生活空间中建筑和道路系统的碳排放，所以城郊融合型乡村社区的低碳营建目标主要是社区整体平面布局低碳、建设设计低碳、道路组织低碳。低碳营建指导单元主要是社区整体、邻里组团、建筑单体三个空间层级。低碳营建指导要素则是后续研究发现的主要的碳排放影响要素。

第 3 章 湖南省城郊融合型乡村社区空间形态与碳排放现状

本章主要聚焦三方面内容：其一是不同类型湖南城郊融合型乡村的空间形态识别，凝练不同类型乡村社区空间形态特征；其二是不同类型湖南城郊融合型乡村的碳排放现状识别，明确不同类型乡村社区的碳排放特征与主要碳排放源；其三是区别不同类型乡村社区的主要碳排放源与空间要素的对应关系。本书将以自然边界限定的行政村定义为乡村社区空间低碳营建控制单元的研究对象。在社区单元下从宏观到微观划分不同的空间尺度控制单元，依次梳理不同空间尺度下的空间形态与碳排放特征。

3.1 案例乡村社区

3.1.1 基本信息

湖南省地貌类型多样，以山地、丘陵为主。湖南为大陆性亚热带季风湿润气候，属于冬冷夏热气候区。湖南区域内河流水系众多，耕地面积 414.88 万 hm^2，约占全国耕地总面积的 3.1%，属于中部地区的农业大省。湖南村镇文化底蕴深厚，主要类型包括农耕文化、红色文化、伟人故乡、民族风情等。

综合地形地貌、风土人情、行政区划等各方面条件，湖南省大致可划分为湘中、湘南、湘西三大区域。各区域村镇人居环境、资源条件、乡土文化、特色产业等，均各有不同。由于本书是基于课题"赣豫鄂湘田园综合体宜居村镇综合示范"支持开展研究，所以选择了国家级田园综合体和现代农业园区所在区域乡村作为案例村，对湘西、湘北、湘南不同区位的 18 个案例村进行调研，具体包括：湘北地区——岳阳市湘阴县燎原村、株洲市云龙区蛟龙社区、湘潭市韶山村、田汉村、青亭村、浏阳市芦塘村；湘南地区——郴州市文明瑶族乡韩田村、沙洲村、秀水村、吴山村、瓦灶村、石仙村；湘西地区——怀化芷江镇五郎溪村、小渔溪村、麻缨塘村、双桥村、秀洲村、坪朗村等。梳理了 11 个产业较为典型的案例村的产业结构、发展模式、人口结构及用地结构情况（表 3.1），可以发现：

①产业结构从传统农业向旅游业和农旅产业转变，转型处于起步阶段，未能解

决当地农民就业问题，大多数村民外出务工，主导产业仍然是农业；

②土地经营模式以基本农田为主要用地类型，传统分散经营模式以土地流转的形式转变为集体经营与农业合作社经营，规模化经营处于初期探索阶段；

③建设主体以企业带动型产业模式为主，农村发展注入新的活力。

案例村农业现代化情况统计　　　　表 3.1

产业结构	发展模式	人口结构	用地结构
■第一产业 ■第二产业 ■第三产业	■农业型 ■旅游型 ■农旅型	■留守老人 ■留守儿童 ■外出务工人员	■建设用地　■基本农田　■现代农业产业用地 ■公共广场用地　■卫生室

3.1.2　城郊融合型乡村社区类型划分

由于本书聚焦于空间形态与碳排放的关系研究，所以从"空间形态"和与乡村空间功能相关的"主导产业"两个视角展开分类。一方面以不同空间布局形式进行类型划分，以对比不同布局形态乡村社区的碳排放差异；另一方面以产业类型进行划分，对比不同产业转型模式下乡村社区的碳排放差异。

1）以主导产业划分

根据调研发现，当前乡村社区包含的社区类型要更加广泛，有依托农业资源的农业生产型的社区，也有依托交通区位优势和自然景观资源的休闲旅游型社区，还有产业功能更加丰富的村镇社区。乡村社区的发展模式与自身资源禀赋具有紧密关系，通过对湖南省乡村生态环境、农业资源、旅游资源等各类资源要素梳理，在城郊融合型乡村现状调研的基础上，根据产业转型明显的 11 个案例乡村的空间转型模式（表 3.2）可以将城郊融合型乡村划分为农业生产型、旅游生产型、农旅融合型三种类型（图 3.1、表 3.2），简称农业型、旅游型、农旅型。

（1）农业型

农业生产型乡村以农业种植为主要收入来源，适合发展规模性产业，通常以种植大棚与农业基地为主发展规模化农业。一般距离城市较近，交通便利，主导产业包括现代农业、休闲农业、加工农业。如浏阳第一湾生态农庄，以蔬菜瓜果种植采摘、苗木种植、花卉园艺服务销售为主要特色，发展花卉田园景观、农家乐民宿、水上乐园等休闲产业；燎原村凯佳生态园，以葡萄种植、生态养殖为主要

11 个典型案例乡村的空间生产方式　　　　　　　　表 3.2

编号	村名称	产业转型	空间生产方式（生产模式）	乡村类型
1	燎原村	传统农业→现代农业	生态农业园（企业带动型）	农业型
2	蛟龙社区	传统农业→现代农业	农业园区（企业带动型）	农业型
3	韶山村	传统农业→旅游业	旅游景区（村民参与经营）	旅游型
4	芦塘村	传统农业→农旅结合	田园综合体（企业＋村集体＋农民）	农旅型
5	麻缨塘村	传统农业→现代农业	规模农业（村集体＋农民）	农业型
6	小渔溪村	传统农业→农旅结合	规模农业＋农家乐（村民自发组织）	农旅型
7	五郎溪村	传统农业→生态农业	生态农业园（村集体企业带动型）	农业型
8	白溪坪村	传统农业→现代农业	规模农业（村集体＋农民）	农业型
9	韩田村	传统农业→农旅结合	规模农业（村集体＋农民）	农业型
10	沙洲村	传统农业→旅游业	旅游综合体（企业＋政府＋农民）	旅游型
11	秀水村	传统农业→农旅结合	田园综合体（企业＋政府＋农民）	农旅型

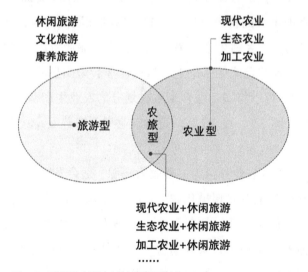

图 3.1　城郊融合型乡村社区类型划分

特色，以产业链条搭建为核心，形成葡萄酒加工销售链条，更加注重农产品加工与贸易。

（2）旅游型

旅游生产型乡村则依托本身的自然、历史文化旅游资源发展特色休闲旅游产业，包括休闲旅游、文化旅游、康养旅游等类型。如韶山村依托伟人故里形成旅游服务业及相关配套文旅产业，建成研学基地，带动了周边餐饮、住宿等行业的快速发展。沙洲村以红色旅游资源为核心，结合自然、民宿资源打造红色旅游景区，解决农村剩余劳动力转移和就业。

（3）农旅型

农旅融合型乡村本身资源要素丰富，既拥有较好的农业基础，又拥有得天独厚的生态、文化旅游资源，是以产业融合发展的农产品加工、销售、休闲旅游、配套等服务业。如浏阳芦塘村，凭借老种子农耕文化、屋场文化、有机蔬菜种植基地与美栗谷的自然资源打造了国家级田园综合体。

通过表 3.2 对各村转型方式统计来看，与发达地区乡村以工业和商贸转型的方式不同，湖南地区乡村主导产业仍然是以低影响的农业和旅游业等弱质型产业为主，产业转型与发展都较慢。这也是中部地区乡村与东部发达地区乡村的主要区别，产业转型模式和发展速度的不同对空间生产实践和碳排放的作用都不同。

2）以社区平面空间布局特征划分

学者们对于乡村空间形态，一般按照乡村整体空间布局形式来分类。已有研究将乡村社区空间形态归纳为以下 8 种典型类型：分区集中型、混合集中型、点状分散型、线状分散型、团状分散型、条带型、组团型、分散型。

本书对湘北、湘西、湘南不同地区进行了补充调研与整理（表 3.3）。湖南省属于低山丘陵地形，建筑依山而建，充分利用山形对于居住生产的有利条件，沿山坡递进排布，上下错落有致。湖南地区乡村较少有集中型的社区，建筑多依山就势分散布局，或者沿河流、道路条带状布局。乡村空间布局呈现"大分散，小聚居"的分散型、组团式、线性式、向心式 4 种类型。

从地域来看，湘北地区地势以小丘陵为主，社区规模较大，农村居民点多沿道路分散布局，新建住宅表现为"近道路"的趋势，边缘界面模糊，呈现大分散小聚居的组团形式。湘西地区山体较多，乡村居民点多沿山脊线或者道路，择地势平坦的地方而居，居民点聚集度较高，整体呈线性式布局；湘中地区地势相对平坦，以分散布局为主；湘南地区以向心式布局的传统村落为主，新建建筑的宅院空间扩张多延续原有空间秩序，社区边界清晰，建筑密度较大，传统民居和现代住宅形式并存，呈向心式布局。

湖南乡村社区整体空间形态平面识别　　　　　　　　表 3.3

区域	案例社区			
湘北地区	燎原村（农业型）	金华村（旅游型）	望星村（农业型）	蛟龙社区（农业型）
	韶山村（旅游型）	田汉村（农旅型）	芦塘村（农旅型）	青亭村（农业型）
湘西地区	双桥村（农业型）	秀洲村（农业型）	麻缕塘村（农业型）	五郎溪村（农业型）
	竹山村（旅游型）	坪朗村（旅游型）	嵩山村（农旅型）	合群村（农旅型）

续表

区域	案例社区			
湘中地区	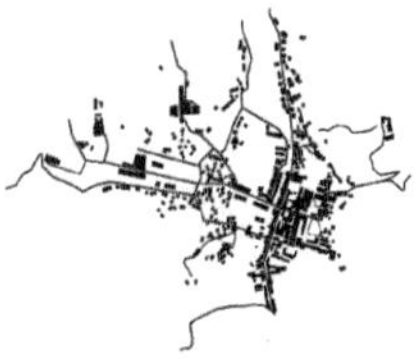			
	石门村（旅游型）	光阳村（农业型）	永福村（农业型）	石拖村（农业型）
湘南地区				
	韩田村（农业型）	沙洲村（旅游型）	秀水村（农旅型）	瓦灶村（农旅型）

	村头村（农业型）	吴山村（农业型）	红星村（旅游型）	石仙村（农旅型）

表 3.3 为对湖南乡村整体空间形态的定性介绍，案例较多。由于部分村数据获取困难，表 3.5、表 3.12 指标量化部分只选择了其中 18 个案例。

3.2　城郊融合型乡村社区空间形态现状

3.2.1　社区整体形态——依山就势，分散布局

社区是指行政意义上的村，它可以是自然村也可以是中心村。在现阶段的新乡村建设中自然村向中心村的集聚，一般是一个自然村或者几个自然村组成一个行政社区。

（1）空间形态定量方法

社区整体形态反映的是社区整体规模大小和整体界域特征，反映土地利用水平。

本书对社区整体空间形态量化指标的选取主要考虑可能对社区居住者能源使用行为产生影响的用地强度、用地方式等指标要素。空间形态包括社区的"规模形态""建筑密度""形状复杂度"和"空间布局形态"等一级指标，包括"总用地面积""建设用地面积""建筑密度""周长面积分维度指数""整体景观形状指数"等二级指标（表3.4）。

社区整体空间形态指标名称与量化方法　　　　　　　　　　　　表3.4

形态	一级指标	二级指标	指标说明	数据来源
量形态	规模形态	X_1 总用地面积	社区总用地面积	用地调查
		X_2 建设用地面积	建设用地面积	用地调查
	建筑密度	X_3 建筑密度	建成区面积/社区总面积	用地调查
布局形态	形状复杂度	X_4 周长面积分维度指数	分维度值（1，2）大于1意味着已经偏离简单的几何形状，值越大形状越复杂	Fragstats 计算
	空间布局形态	X_5 整体景观形状指数	类型聚集度的简单描述，值越大越不规整，等于1时，越接近正方形，随着斑块类型离散，逐渐变大，值越小越聚集	Fragstats 计算

（2）指标参数确定

通过各案例村调研和数据收集，各个案例乡村社区的整体空间形态指标数据如表3.5所示。各个案例乡村社区整体空间形态可以大致划分为四类，不同类型空间形态典型示意图如图3.2所示。其中，向心式多见于地势相对平坦的湘南地区，线性式则以湘西丘陵地区为主，组团式布局多见于以岗地地形为主的湘北地区，分散式布局则多见于地形平坦的湘中地区。

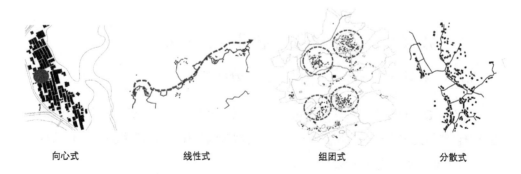

　　向心式　　　　　　　线性式　　　　　　　组团式　　　　　　分散式

图3.2　四类社区层级的典型布局形态

案例社区整体空间形态指标参数 表 3.5

村名	X_1 总用地面积（hm²）	X_2 建设用地面积（hm²）	X_3 建筑密度	X_4 周长面积分维度指数	X_5 整体景观形状指数
燎原村	811.4000	45.81	0.0572	1.6500	20.6100
蛟龙社区	748.0500	188.36	0.2027	1.3000	19.0381
韶山村	16.8300	2.70	0.1604	1.2640	15.4167
田汉村	1185.9500	150.50	0.1074	1.1168	17.4706
青亭村	350.0000	36.36	0.1039	1.2540	22.7674
芦塘村	860.1400	193.46	0.2249	1.6342	20.2553
麻缨塘村	400.0000	19.00	0.0475	1.7232	18.9005
竹山村	476.7600	18.62	0.0391	1.1193	16.4426
坪朗村	1376.8800	22.53	0.0164	1.1152	20.6705
小渔溪村	2100.0000	9.00	0.0043	1.7245	15.1400
双桥村	1610.4300	46.39	0.0209	1.2723	25.8455
秀洲村	551.6800	17.00	0.0308	1.5740	7.1250
石托村	244.5700	23.42	0.0958	1.0871	18.7531
吴山村	1036.5500	39.80	0.0384	1.0903	22.8692
瓦灶村	324.9500	54.82	0.1687	1.0883	19.4538
石仙村	1384.5300	69.17	0.0500	1.0911	30.3300
沙洲村	92.6200	10.77	0.1163	1.6031	7.2143
红星村	369.2900	66.77	0.1808	1.0773	23.9370

数据来源：Fragstats 计算

（3）不同类型乡村社区的整体空间形态

农业型乡村社区又可根据农业发展模式细分为现代农业型、生态农业型、休闲农业型等不同类型。现代农业型的乡村一般地理位置优越，地势平坦适合农业机械化运营，乡村道路也更加规则，如青亭村；生态农业型乡村则分布在生态环境较好的湘西地区，地势多山丘，农田分布于山谷与山坡上，道路曲折多变，如双桥村；休闲农业型一般距离城市较近，为城市居民休闲度假的去处，交通便利又充满山水田园风光，以农业种植大棚为主要的形式打造体验式农业项目，如燎原村。可以发现，农业型乡村社区主要生产活动为农业生产加工，居民生活能源消费碳排放水平低，主要的碳排放来自于农业生产碳排放（表 3.6）。

农业型乡村社区整体空间形态　　　　表 3.6

类型	整体空间形态	道路形态
现代农业型——青亭村		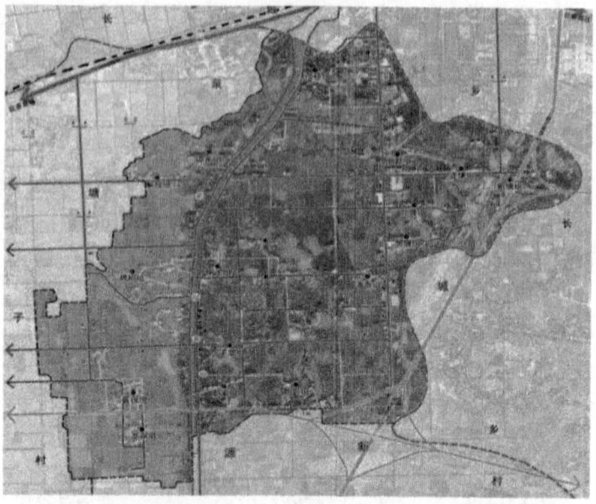
生态农业型——双桥村	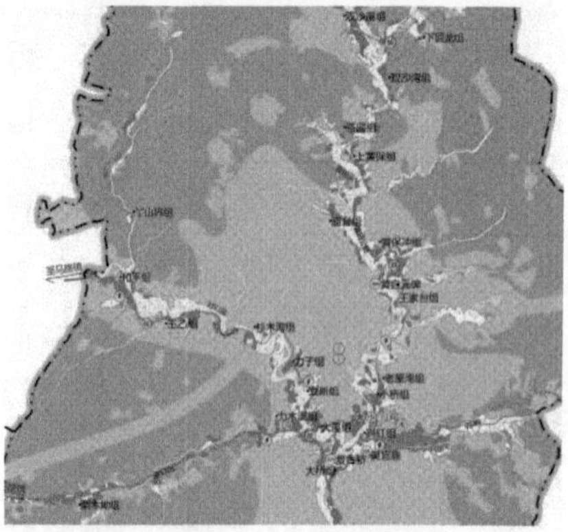	
休闲农业型——燎原村		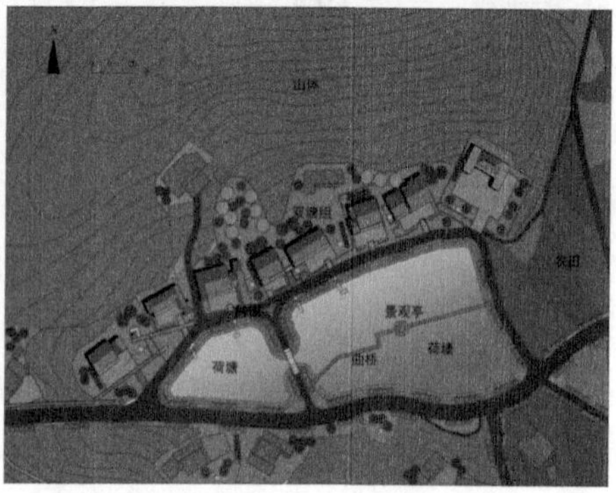

图片来源：课题组调研拍摄资料

　　旅游型乡村则又分为民俗旅游型乡村和人文旅游型乡村，不同类型乡村的空间形态也不同。民俗旅游型乡村，村落整体呈现少数民族特色，传统型村落布局紧凑，建筑风格统一，道路的可达性较高，如沙洲村；人文旅游型乡村，道路、公共广场等基础设施建设良好，交通可达性好，旅游客流量较大，住宿、交通旅游碳排放都较高，如韶山村。旅游型乡村社区碳排放主要跟旅游生产服务相关，来自于旅游住宿、旅游交通碳排放，碳排放强度与旅游活力息息相关。旅游型的乡村社区道路基础设施完善，并且经过了分级规划，形成了交通体系，道路可达性较好（表3.7）。

旅游型乡村社区整体空间形态　　　　　　　　　　　　　　表3.7

类型	整体空间形态	道路形态
民俗旅游型——沙洲村		
人文旅游型——韶山村		

图片来源：课题组调研拍摄资料及郴州市规划局提供

　　农旅型乡村一般距离城市较近，具有较好的发展基础，已经形成特色产业。如芦塘村，承担着长沙市的菜篮子功能，乡村整体风貌较好，居民生活消费水平与城市相同，户均能源消费碳排放较高。休闲农旅型乡村，如衡阳红星村，村内住宅建筑质量整体较好，以二、三层独立式住宅现代砖混建筑为主，村内中大型农家乐、民宿及商店等以沿街商住形式分布，接待游客较多。同时对外交通便利，村民的主要交通工具为轿车，交通碳排放较高。农旅型乡村社区本身居民生活能源消费碳排放较高，不管是住宅建筑碳排放还是交通碳排放都较其他类型乡村更高。农旅项目的开发，使得旅游服务与农业生产碳排放增加。农旅型乡村交通系统经过了规划，部分案例村已经规划建设有慢行交通系统、骑行交通系统，有利于减少交通碳排放（表3.8）。

农旅型乡村社区整体空间形态   表 3.8

类型	整体空间形态	道路形态
特色产业型——芦塘村		
休闲农旅型——红星村		

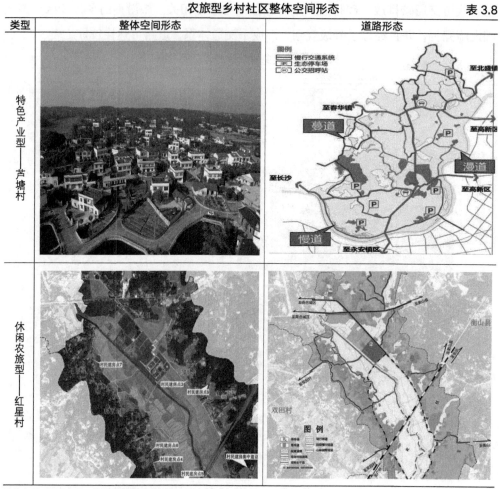

图片来源：课题组调研拍摄资料

3.2.2 邻里形态——小农经济下的自然秩序

邻里主要是针对村落内部空间由若干单体建筑以及连接这些单体的公共空间而构成的最小空间单元，也可以理解为宅院群组、宅院组团。有学者将其称为包含基地、住宅空间、公共交往空间以及出入口等要素的"基本生活单元"；也有学者认为邻里空间是为居住人群提供邻里关系交往的场所空间，分为中心邻里空间、组团邻里空间、街巷空间以及宅前屋后邻里空间。

组成邻里组团的基本要素有建筑、院落、宅间路，是村民对外联系的过渡空间、村民之间联系互助的通道。组团内空间是村民除了自家房屋外活动最为频繁的场所，也是邻里交往活动的主要空间，建筑间距、建筑周边绿化、道路宽度都直接影响着村民的心理感受与交往活动意愿。邻里空间形态在用地面积、建筑朝向、间距方面都应考虑邻里交往的空间使用感受，空间形态规模、大小应具有合理舒适的聚合或疏散的内在关联。

　　对于邻里空间的规模不同学者的界定也不同。巴尔代针对欧洲非洲的农村，提出 5~10 户、50~100 户、500~1500 户三个不同层次的邻里空间，随着层级变大交往强度减小；杨·盖尔认为 15~30 户的规模是更有利于邻里交往的组团规模。通过调查发现，湖南地区乡村社区的邻里交往行为存在于整个自然村范围内，较为频繁的邻里交往存在于不同的聚居组团（小组）内部，交往活动包括聊天、议事、借东西、打牌等。所以本书中的邻里空间形态是一个完整的、有明显边界的聚居组团（村民小组）内部形态，约 60~100 户不等，大小为 500m×500m 范围（表 3.9）。

邻里组团平面形态（空间肌理）识别（500m×500m）　　　　　　表 3.9

地区	邻里空间形态			
湘北	燎原村（农业型）	金华村（旅游型）	望星村（农业型）	蛟龙社区（农业型）
	韶山村（旅游型）	田汉村（农旅型）	芦塘村（农旅型）	青亭村（农业型）
湘西	双桥村（农业型）	秀洲村（农业型）	麻缨塘村（农业型）	五郎溪村（农业型）

地区	邻里空间形态			
	竹山村（旅游型）	坪朗村（旅游型）	嵩山村（农旅型）	合群村（农旅型）
湘西				
	石门村（旅游型）	光阳村（农业型）	永福村（农业型）	石拖村（农业型）
湘中				
	韩田村（农业型）	沙洲村（旅游型）	秀水村（农旅型）	瓦灶村（农旅型）
湘南				
	村头村（农业型）	吴山村（农业型）	红星村（旅游型）	石仙村（农旅型）

（1）邻里空间形态量化方法

本书对邻里空间形态量化指标的选取主要考虑与"人"的活动行为、能源使用行为产生影响的指标要素。具体包括居民点聚合度、居民点连接度等住宅组合形态指标，道路形状指数、道路连通指数等道路形态指标，以及反映公共空间可达性的各村民小组到达公共空间的平均距离（表3.10、表3.11）。

社区邻里空间形态识别　　　　　　　　　　　表 3.10

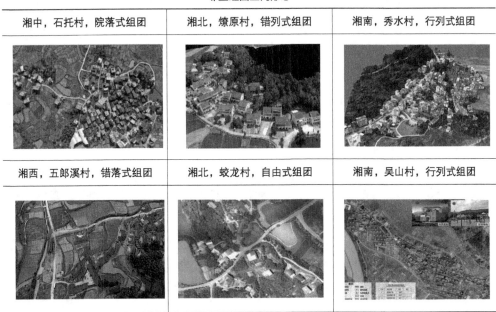

邻里组团空间形态		
湘中，石托村，院落式组团	湘北，燎原村，错列式组团	湘南，秀水村，行列式组团
湘西，五郎溪村，错落式组团	湘北，蛟龙村，自由式组团	湘南，吴山村，行列式组团

图片来源：课题组拍摄资料

社区邻里空间形态指标名称与量化方法　　　　表 3.11

形态	一级指标	二级指标	指标说明	数据来源
组合形态	居民点聚合度	X_6 聚合度	居民点破碎化程度最大时聚合度等于 0；聚集成一个整体时聚合度等于 100	Fragstats 计算
	居民点连接度	X_7 连接度指数	只有一个斑块或者斑块之间没有连接时，连接度为 0；该斑块与每一个斑块之间都连通时，连接度是 100	Fragstats 计算
连接形态	道路形状指数	X_8 路网形状指数	景观聚集与离散程度的度量，等于 1 时为正方形，值越大越不规则，值越小，越规整和紧凑	Fragstats 计算
	道路连通指数	X_9 道路斑块邻近指数	道路景观斑块内栅格的连接性或邻近性，连接度越好越接近 1	Fragstats 计算
	公共空间可达性	X_{10} 公共空间平均距离	各村民小组距离公共空间的距离的平均值	实地调研

（2）邻里组团空间布局形态识别

通过调研发现，湖南受丘陵地形影响，居民点多环绕山体均匀布置，邻里关系紧密，组团内多为亲属关系。以下从邻里组团空间（建筑紧凑型、建筑布局）、邻里街巷空间、中心邻里空间三方面空间要素对案例村的邻里空间形态特征进行概括。

邻里组团空间识别：湘中和湘北部分乡村地势较为平坦，建筑多顺应道路呈自由式布局，没有明显的聚集中心。乡村社区以村民活动广场作为主要的公共空间和节点，但是活动广场却鲜有人群聚集和停留交往，广场多作为农作物晾晒空间使用。所以湘北和湘中部分乡村社区建筑布局不受地形的影响，建筑顺应道路、水体蔓延，整体呈现分散布局。建筑以南向、西南向朝向布置，建筑间距为 4~10m，面向道路与农田均匀分布（图 3.3）。

图 3.3　自由式乡村社区邻里空间布局类型

湘北地区建筑往往顺延山体依山而建，建筑背靠山体，面朝道路或者水体形成围合聚居的邻里组团，社区整体由多个邻里组团组成，组团内部建筑多呈自由式布局。组团内住宅建筑聚集度较高，密度大，受宅基地限制，建筑平均距离为1~2m，道路宽度不足且高低不平，有较多楼梯台阶和断头路，不适宜老人活动。组团内建筑朝向各异，多朝向道路和宽阔的开敞地块，建筑层高多为 3 层，且在建筑层高和外观上存在攀比现象；靠近主要道路的组团内建筑布局则较为规则，一般为相对规则的行列式布局。所以组团式乡村社区，单个邻里组团内建筑相对聚集，左右间隔 5~6m，有单排独栋，也有多排布局形式，也有朝向不同自由组合的形式，分布比较均匀；湘北组团式乡村社区的邻里组团内部布局形态又可细分为 T 字型、一字型、行列式、自由式四种（图 3.4）。

湘南地区一般乡村既保留了传统建筑组团的行列式形态，也存在布局随意的新建建筑，但是总体仍然是聚合型的邻里组团。建筑之间距离为 1~2m，建筑通风条件差，而保存较好的古村落则受文化观念驱使，遵循原有的村庄发展肌理，建筑组织关系具有相似性，呈现行列式的紧凑型空间形态；向心式乡村社区邻里组团的布局形态可细分为同向联排的行列式、不同向的斜列式、双联排的错列式三种（图 3.5）。

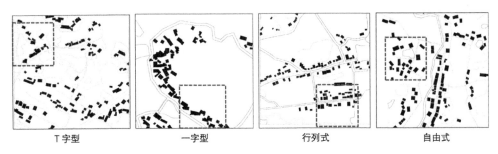

图 3.4 组团式乡村社区邻里空间布局类型

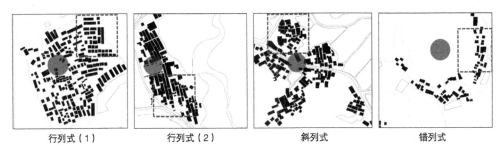

图 3.5 向心式乡村社区邻里空间布局类型

湘西地区则受山地地形影响，整体是线性式布局，具体邻里组团内建筑间距较大，建筑以独栋单排或者多排同一朝向布置。线性式乡村社区邻里组团的布局形态可细分为自由式，一字型、T 字型和错列式四种（图 3.6）。

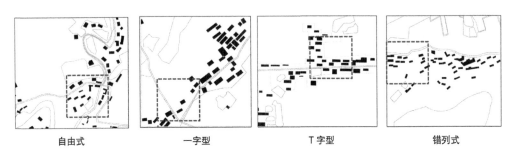

图 3.6 线性式乡村社区邻里空间布局类型

整体来看，湖南地区乡村社区邻里形态较为多样，有较为规整的行列式布局，有聚集度较高的向心式布局，但大多是自由分散的布局形态。城镇化进程对村落住宅生长秩序的影响较小，邻里团组形态的秩序生发、集聚或分散仍然依赖于土地政策，可以说宅基地限制了组团形态的秩序。但是可以确定的是，道路建设、产业发展使得新建住宅出现局部秩序分散，住宅近道路建设喜好使得宅院组群向个人价值取向的空间形式发展。尤其是发展旅游的乡村，如韶山村，新建建筑均匀分布在主要道路两侧经营餐馆或者民宿。

邻里街巷空间与公共空间识别：湖南地区乡村的最大特征是缓慢生长形成的分散而小规模的自然村落社区，社区整体形态就是小聚居大分散，其中湘北和湘西组团内建筑布局为自由式，湘中和湘南地区组团内部建筑布局较为规整，排列整齐。乡村街巷空间基本分为两个层级，一方面是串联邻里组团内部不同住宅的邻里道路，另一方面是串联不同邻里组团的社区道路。

调研发现，案例村内已经全部实现通公路，村道基本硬化完成，但部分组团内部道路未实现完全硬化，村组路宽 3~4m，宅前路宽 1~2m。

（3）指标参数确定

通过各案例村调研和形态识别，湖南城郊融合型乡村社区整体空间形态与邻里组合形态之间的关系如图 3.7 所示，社区整体空间形态分为组团式、分散式、线性式、向心式四大类。其中每一大类社区中邻里布局形式又有相同的布局形态，如组团式和向心式社区中邻里组团布局形态都有行列式；线性式和组团式中都有一字型的组团布局形态。所以最终邻里组团形态可以分为 T 字型、一字型、行列式、自由式、斜列式、错列式六小类（表 3.12）。

案例社区邻里空间形态指标参数　　　　　　　　表 3.12

村名	X_6 居民点聚合度	X_7 居民点连接度	X_8 道路形状指数	X_9 道路连通指数	X_{10} 公共空间平均距离（m）
燎原村	99.3200	2.4200	67.0000	0.4500	308.0983
蛟龙社区	89.2100	65.2200	20.7100	0.6000	398.6933
韶山村	84.2900	100.0000	11.4900	0.6600	314.7222
田汉村	80.6831	98.5897	35.0806	0.2025	417.4113
青亭村	89.0400	93.4900	24.4500	0.5000	428.5114
芦塘村	99.1600	1.2300	61.3700	0.4000	345.5200
麻缨塘村	80.9452	0.0000	28.0458	0.5264	271.1933
竹山村	81.2066	100.0000	18.8544	0.4556	671.7900
坪朗村	77.9963	99.4672	15.7634	0.5717	365.4860
小渔溪村	80.6372	0.0000	24.1261	0.5338	239.1288
双桥村	78.4451	0.7770	47.6524	0.4768	390.1217
秀洲村	9.2593	20.3901	8.9796	0.2171	467.5150
石托村	83.2001	99.6337	19.1298	0.6630	380.8456
吴山村	84.5028	100.0000	22.0625	0.6005	341.7100
瓦灶村	86.2742	98.0541	21.2535	0.6477	248.2720
石仙村	85.1804	96.9412	28.1127	0.5435	309.5971
沙洲村	68.1700	0.0000	12.6522	0.5977	187.7800
红星村	87.9936	99.7677	14.9570	0.6360	188.5100

数据来源：Fragstats 计算

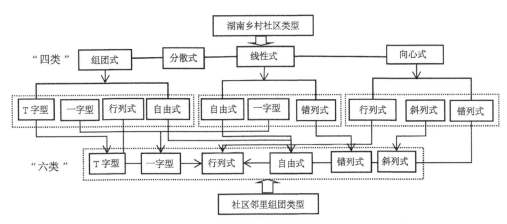

图 3.7　湖南城郊融合型乡村社区与邻里组团分类

（4）不同类型乡村社区邻里空间形态

为对比不同类型城郊融合型乡村社区邻里组团形态差异，本章节梳理了湘西、湘南、湘北各个区域三种类型乡村社区的邻里组团形态（表 3.13）。

不同类型乡村邻里空间形态　　　　　　　　　　　表 3.13

邻里空间			
类型		邻里组团空间	邻里街巷空间	中心邻里空间

农业型乡村社区处于农业现代化转型初期，这类乡村特色不明显，发展相对落后。但是基础设施建设基本完善，道路实现硬化，建设有广场、公园，但是公共空间形式单一，品质差。

旅游型乡村社区特色明显，住宅建筑由于参与旅游活动经过了统一的规划和立面改造，建筑风貌整体统一；参与旅游活动的小组内部道路和庭院景观环境都经过设计，尺度适宜，空间使用感受良好；公共空间也考虑了当地文化特色，整体邻里空间品质较高。

			邻里空间		
类型			邻里组团空间	邻里街巷空间	中心邻里空间
湘北地区	农旅型	芦塘村			

农旅型乡村社区发展基础较好，这类乡村社区已经经过了人居环境整治，道路景观环境干净舒适，邻里组团内部空间品质较高，公共空间类型和功能更加多样，同时公共空间对游客开放。

| 湘西地区 | 农业型 | 五郎溪村 | | | |

湘西农业型乡村社区多为少数民族聚集地，生态农业产业发展解决了部分村民的就业，社区活力逐渐增强。乡村社区经过了环境美化整治和民族特色风格打造，全村呈现民俗、简朴、自然、美观的整体感觉，邻里公共空间具有当地民族特色。

| 湘西地区 | 旅游型 | 竹山村 |  | | |

湘西旅游型乡村一般为少数民族村寨，具有浓郁的民族特色。基础设施建设较为完善，道路广场学校配套齐全。其中竹山寨和岩洞寨是本村的重点旅游区，为石砌、土砌、木屋及其组合等多种形式的苗族建筑风貌，湘西地区农旅型乡村较少。

| 湘南地区 | 农业型 | 吴山村 |  | | |

湘南农业型乡村具有良好的区位交通、优良的生态景观资源和深厚的历史文化底蕴，地势平坦，适合发展规模农业，社区道路、广场等基础设施配套齐全，村容整洁、道路通达、环境卫生，村民对社区环境的满意度较高。

续表

			邻里空间		
类型			邻里组团空间	邻里街巷空间	中心邻里空间
湘南地区	旅游型	沙洲村			

湘南地区旅游型乡村的发展模式比较多样，有依托本身传统村落文化的旅游乡村，有红色文化旅游型乡村，也有依托周边自然人文景观发展的旅游乡村。乡村整体风貌统一，具有湘南地域特色，保持延续传统村落原有道路格局，广场、休闲步道等基础设施完善。

湘南地区	旅游型	红星村			

湘南地区旅游型乡村一般依托规模农业种植基地和特色旅游资源发展农旅产品，如红星村依托火龙果、草莓种植基地和薯片加工体验，发展乡村研学基地，吸引了大量的学生前来游学。乡村道路干净，环境整洁，道路标识完善，同时道路两侧水渠有流水，整体营造了很好的田园旅游风光。

3.2.3　住宅建筑形态——由多样化到趋同化

通过课题前期对湖南乡村住宅建筑形态调研发现，湖南乡村住宅从功能上主要分为居住住宅建筑和公共服务建筑两大类。通过案例村典型住宅空间形态调研，湖南乡村住宅建筑面积、层数、朝向、围护结构等调研结果如表 3.14 所示。

住宅形态调研结果 表 3.14

案例	建筑面积	层数	朝向	围护结构	外墙 / 屋面	门窗材料	窗墙比（南）
燎原村	200~299m²	2 层	南北	砌体结构	砖砌外墙 小青瓦屋面	铝	0.62
蛟龙村	200~299m²	2 层	南北	砌体结构	砖砌外墙 机制瓦屋面	铝	0.32
韶山村	200~299m²	2 层	南北	砌体结构	砖砌外墙 机制瓦屋面	铝	0.32
芦塘村	100~199m²	2 层	南北	砌体结构	砖砌外墙 预制板屋面	铝	0.78

续表

案例	建筑面积	层数	朝向	围护结构	外墙/屋面	门窗材料	窗墙比（南）
韩田村	100~199m²	2层	南北	砌体结构	饰面砖外墙 预制板屋面	铝	0.62
沙洲村	100~199m²	2层	东西	砌体结构	抹灰外墙 小青瓦屋面	铝	0.08
秀水村	100~199m²	2层	南北	混凝土结构	砖砌外墙 预制板屋面	铝	0.62
白溪坪村	100~199m²	1层	南北	混凝土结构	砖砌外墙 小青瓦屋面	铝	0.78
麻缨塘村	100~199m²	1层	南北	木结构	木结构 小青瓦屋面	木	0.16
五郎溪村	100~199m²	1层	南北	木结构	木结构 小青瓦屋面	木	0.16
小渔溪村	100~199m²	1层	南北	木结构	木结构 小青瓦屋面	木	0.16

其中，住宅建筑空间形态从外观形态上分为传统民居和新建住宅两大类。湘西地区传统民居以木结构为主，湘北、湘南传统民居则以传统砖砌结构为主，新建住宅则大多数是砖混结构建筑，少部分框架结构建筑，没有地域差异性（表3.15）。样本社区中框架结构、砖混结构、木结构建筑所占比例分别为23.84%，55.3%，20.86%；砖混结构中，砖木混合结构占20.20%；木结构、砖木结构主要集中在湘西地区的传统民居，多是农户自建于20世纪70、80年代，入住时间达30年以上，外墙和屋顶材料主要为杉木木板，屋面为小青瓦，多年久失修，绝大部分建筑质量较差，内部品质不高，但却是凸显湘西本地建筑特色和材质的建设形式；砖混结构建筑中传统砖砌结构多为1层，主要集中于湘北、湘南地区的传统民居，农户自建于20世纪80~90年代，墙体在当地被称为"金包银"墙体，外墙为火烧青砖，青砖内为土泥砖，外表美观防雨，内部泥砖防潮干燥，既经济又适宜居住，采用一明两暗三开间的平面形式；现代砖混建筑建于湖南各地，以1~3层为主，有平屋顶，有坡屋顶，是20世纪90年代以后大多数农户选择的建筑形式，因为可以就地取材，砌筑时不需模板及特殊的技术设备，可节约木材，同时具有很好的耐久性，居住品质相对传统住宅有了明显提升；框架结构建筑则见于各地的新建建筑，穿插布局在村庄之中，特别是2000年以后随着村民对现代生活要求的提升，新建民宅在高度、体量和风格上追求现代化、品质化，住宅空间形态逐渐变得多样化。

	湖南主要建筑类型		表 3.15	
类型	框架结构 （混凝土结构）	砖混结构（砌体结构）		木结构
形态				
比例	23.84%	55.3%		20.86%

湖南地区乡村各类建筑的典型户型与空间形态如表 3.16 所示，虽然湘北、湘南不乏当地的地域性建筑，如湘北现存少量传统夯土建筑，湘南现存的少量传统砖砌建筑。但框架结构、砖混结构、木结构三种类型的建筑仍然是湖南地区乡村普遍存在的建筑类型，木结构代表了湘西普遍的建筑形态，砖混建筑和框架建筑则代表湖南各地普遍存在的新建现代建筑。

3.3　城郊融合型乡村社区碳排放识别

对于乡村社区碳排放来说，建筑是人活动和产生能源消耗的主要场所，所以来自住宅的碳排放是很重要的部分。同时人的出行使用的交通工具也会产生一定的能源消耗与碳排放，所以乡村社区碳排放计算主要来自"住"与"行"两个方面。相较于以往以农村能源统计年鉴中的以终端能耗计算农村整体碳排放来言，基于实地入户调研进行的"自下而上"的能源调查数据可以更加准确地计算农村碳排放量与识别主要碳排放源。参考《湖南省国土空间规划用地分类（试行）》把农村用地碳排放评估方法与乡镇级国土空间规划用地分类方法相匹配，具体涉及建筑、交通、工业、农业 4 个部门碳排放源。不同发展模式下，乡村各类用地的碳排放强度不同。由于本书仅考虑生活空间部分，所以仅计算住宅建筑碳排放和交通碳排放两部分碳排放强度。

3.3.1　住宅建筑碳排放

通过梳理国内外对于农村建筑碳排放的研究发现，建筑碳排放主要从 2 个方面进行了研究。一是对于住宅建筑运行阶段能源使用造成的直接碳排放，二是从建筑建造全生命周期出发计算包括建造材料和建造过程中水泥、钢铁等资源消耗造成的

湖南乡村住宅建筑空间形态

表 3.16

地区	建筑类型	户型	平面形制	立面形制	剖面形制	对应照片
湖北地区	传统砖砌	典型户型 1	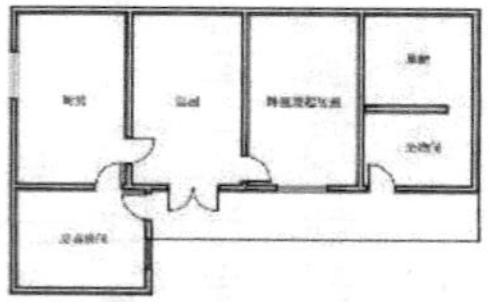		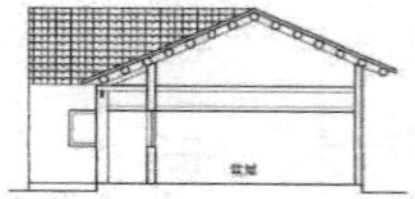	 （芦塘村：第三组第三户）
		典型户型 2	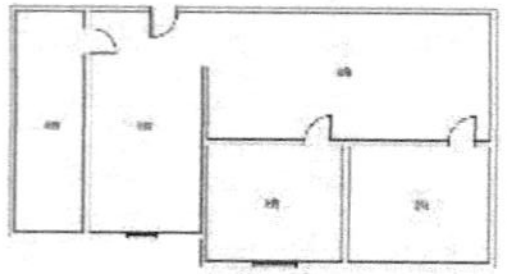	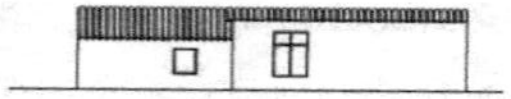	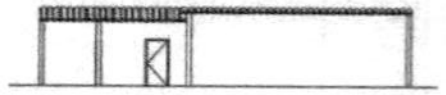	 （蛟龙社区：第二组第六户）
	现代砖混	现代户型 1	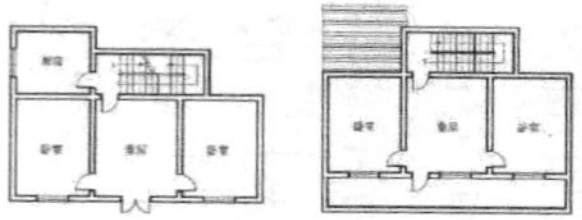	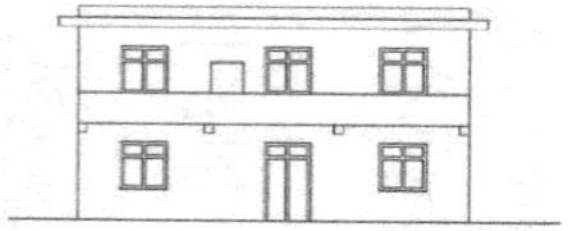	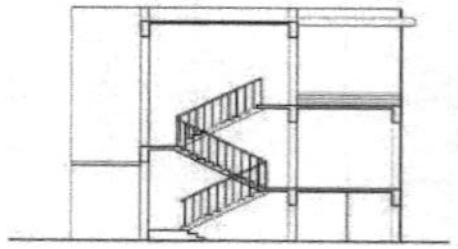	 （蛟龙社区：第五组第六户）
		现代户型 2	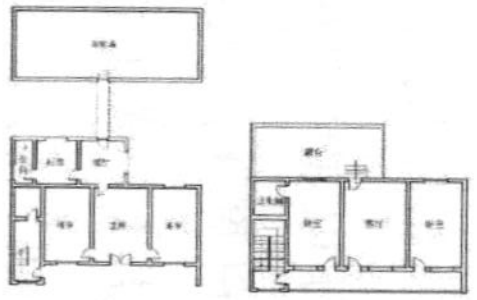	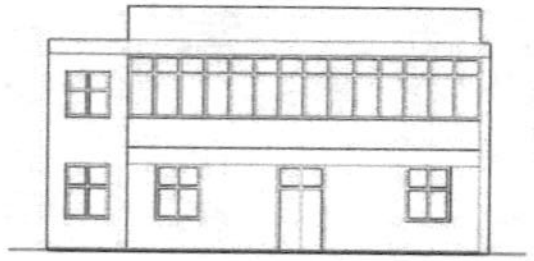	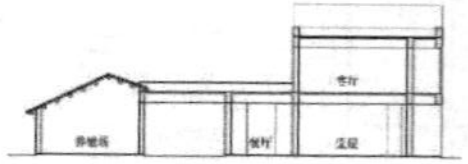	 （芦塘村：第三组第一户）

续表

地区	建筑类型	户型	平面形制	立面形制	剖面形制	对应照片
湘北地区	新中式	典型户型 1				（燎原村：第一组第一户）
	欧式	典型户型 1				（芦塘村：第二组第五户）
湘南地区	传统砖砌	典型户型 1				（沙洲村：第二组第三户）
		典型户型 2				（秀水村：第一组第二户）

续表

地区	建筑类型	户型	平面形制	立面形制	剖面形制	对应照片
湘南地区	现代砖混	现代户型1				（秀水村：第二组第四户）
湘南地区	新中式	典型户型1				（沙洲村：第一组第四户）
湘西地区	传统木结构	典型户型1				（白溪坪村：第三组第一户）
湘西地区	传统木结构	典型户型2				（麻煨塘村：第三组第一户）

续表

地区	建筑类型	户型	平面形制	立面形制	剖面形制	对应照片
湘西地区	现代砖混	现代户型 1	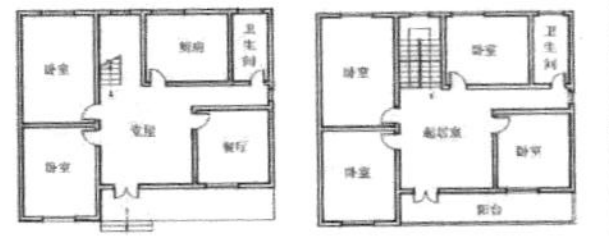	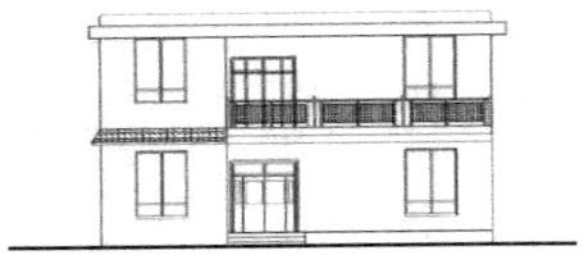	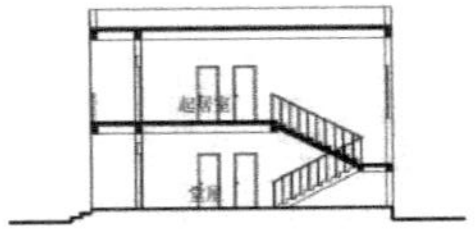	 （白溪坪村：第四组第二户）
	欧式	典型户型 1	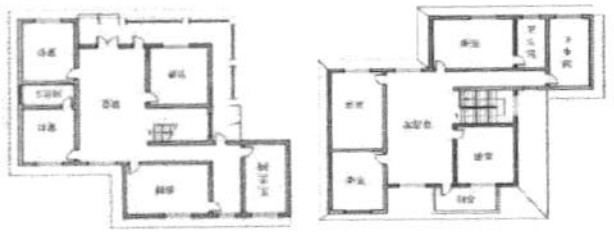	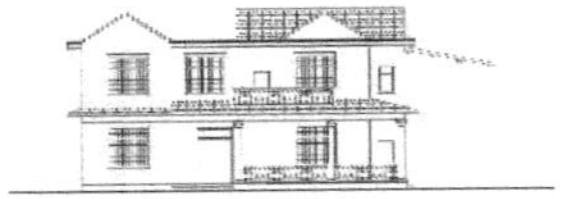	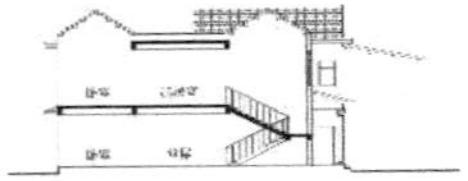	 （小渔溪村：第四组第三户）

资料来源：课题组调研拍摄照片与绘制图集资料

间接碳排放和住宅建筑运行阶段的直接碳排放总量。住宅建筑运行阶段生活能源消耗是由住宅的供暖、制冷、照明、热水、给水排水以及住宅管理过程中的能源资源消耗造成的碳排放。碳排放系数采用 IPCC 以及国家温室气体排放清单和国内部分组织发布的碳排放系数来确定。

已有研究表明，建筑碳排放量的 60%~80% 来自于运营阶段，10%~30% 来自于建材阶段。而且从中国实践来看，碳排放主要集中在建筑运行和建材生产过程，而建筑施工碳排放只占其中的很小一部分。同时，大多农村住宅建筑多数为就地取材，施工工艺相对简单，所以建筑使用阶段的能源碳排放可成为减碳的关注点。

建材生产阶段的碳排放可根据建筑材料碳排放系数与相应的消耗量按式计算，同时应考虑材料运输与施工过程的废弃比例。计算公式如下：

$$E_1 = \sum M_x \times (1 + W_x) \times A_x \tag{3.1}$$

式中，M_x 表示第 x 种建材的使用量；A_x 表示第 x 种建材的碳排放系数；W_x 表示第 x 种建材的报废率。其中报废率参考国外已有研究。不同建筑材料生产阶段碳排放参数则参考已有研究。

（1）建设阶段碳排放

建筑建设阶段碳排与建筑材料、构造方式有直接关系。通过湖南地区案例乡村社区的调查，同时参考已有文献，估算湖南地区不同类型乡村住宅建筑建设材料使用情况统计与碳排放量如表 3.17 所示。

选取湘西地区典型的木结构传统民居为研究对象进行案例分析，住宅建筑面积为 97~105m²，一般为三开间，单间面积为 32m²，为 2 层木结构建筑，包括一个阁楼层存放农具。土家族吊脚楼大多为穿斗式木工结构，下部由杉木支撑。构造做法主要包括柱基石基础、杉木墙体屋面、木结构板材地面、木结构门窗、钢钉、青瓦。相对现代砖混结构建筑，木结构建筑用料简单，以木材为主，通过专业的木工师傅对圆木进行改料、剖平、切割，组装成形。

木结构建筑材料使用量与碳排放计算   表 3.17

类型	材料名称	使用部位	使用量	单位	报废率	碳排放系数[①]	碳排放量（kg）
木结构	木材	墙体、屋架	100	m³	10%	283.55kgCO₂e/m³	31190.50
	柱基石（柱础）	基础垫层	20	m³	5%	5.08kgCO₂e/t	1.60

① 木材碳排放系数计算有两种观点，一部分认为木材在生长过程中可固定空气中的二氧化碳，认为木材的碳排放系数为负值；另一部分研究者认为木材生长过程固碳不应考虑在建筑碳排放分析的系统边界内。本文参考后一种观点，仅考虑木材砍伐与加工过程，对木材的碳排放系数进行了统计。

类型	材料名称	使用部位	使用量	单位	报废率	碳排放系数①	碳排放量（kg）
木结构	钢钉	木料固定	10	kg	0	2375kgCO₂e/t	23.75
	青瓦	屋面	3200	块	0	0.27kgCO₂e/kg	216
		碳排放量总计					31431.85

数据来源：木材碳排放系数数据来源于工程设计清单和公开发表的期刊文献，取 329.63kgCO₂e/m³（参考张孝存博士论文 178kgCO₂e/t 和杉木密度 0.54 计算）、374.71kgCO₂e/m³ 以及高源雪的硕士论文参考值 146.3kgCO₂e/m³ 的平均值 283.55；柱基石碳排放系数参考《建筑碳排放计算标准》GB/T 51366—2019 中的页岩石数据 5.08kgCO₂e/t；钢钉参考《建筑碳排放计算标准》GB/T 51366—2019 中的热压碳钢线材数据；青瓦碳排放系数参考张孝存博士论文取 610kgCO₂e/ 单位；青瓦碳排放系数参考国外文献；使用量数据来源于实际调研对当地木工师傅的访谈，面积以 105m² 为标准

砖混结构建筑比例为 52.98%，风貌基本与传统风貌相协调，居住功能更加现代化，主要为 20 世纪 80 年代以后修建的新建住宅建筑。框架结构建筑一般体量较大，为 2~3 层，大量使用混凝土预制件，墙体主要为实心黏土烧结红砖、混凝土砖、混凝土空心砖，外墙大量贴瓷砖；采用钢筋混凝土现浇屋面；门窗以铝合金或塑钢窗为主；整体造型较为现代，部分建筑有欧式风格的装饰落地窗、柱等构件。这两类建筑的建设阶段与碳排放计算根据课题组已有研究成果可知，砖混结构建筑材料碳排放达到 157477.14kg，框架结构建筑材料碳排放达到 271663.68kg。

（2）建筑运行阶段碳排放

到目前为止，多数学者对碳排放量的测算是采用的 IPCC 的碳排放计算，即由能源消耗量与对应能源的碳排放系数乘积决定，碳排放量计算公式如公式 2.1，其中各碳源 / 碳汇的碳排放系数，主要参考 IPCC 和国内外现有文献成果确定；其中电力能源、蜂窝煤、柴薪的碳排放系数参考《省级温室气体清单编制指南》（2011年）（表 3.18）。

不同的电网碳排放因子　　　　　表 3.18

年份	碳排放因子	适用范围
2015	0.6101 tCO₂/MW·h	全国电网平均排放因子，主要用于参与全国市场交易企业的排放
2016	0.4987kg/kW·h	省级电网平均二氧化碳排放因子，细分到每一个省份，目前最新版本，来自《省级人民政府控制温室气体目标责任自评估报告编制指南》
2012	0.5257tCO₂/MW·h（华中区域）	中国区域电网平均二氧化碳排放因子，计算企业的电力隐含二氧化碳排放量使用，目前最新版本为 2012 年
2019	0.8587tCO₂/MW·h（华中区域）	仅适用于碳交易市场中 CDM、CCER、VCS 等减排项目使用，为最新版本

资料来源：根据生态环境部网站数据整理

由于本书碳排放的计量出于管理和设计参考，所以电力碳排放系数最终参考最新的 2016 年省级温室气体清单中湖南省电网平均二氧化碳排放因子 0.4987kg/kW·h。

本次研究共实地调研了 20 个城郊融合型案例乡村社区，调查发现 20 个案例乡村住宅建筑主要用能方式为电能、液化气、蜂窝煤、柴薪、木炭。其中电能主要用途为降温、取暖、洗浴、照明等；液化气、蜂窝煤、柴薪主要用途为生活炊事；用能比例中电能和柴薪占比最多，其中湘北地区柴薪用能占比相对较小，尤其是较为发达的旅游型、农旅型乡村社区，以电能和液化气为主要能源，湘西地区炊事用能主要能源类型为柴薪（图 3.8、图 3.9）。

经计算，湖南案例乡村住宅建筑全年运行能耗与碳排放量如表 3.19 所示；电能和液化气为主要能源形式，湘西部分地区仍存在以柴薪为主要能源的现象，蜂窝煤则在冬季作为取暖的主要能源。

已有研究表明，建筑运行阶段的碳排放占比可达到全寿命期碳排放的 80%~85%。根据本次调研获得数据计算，湖南地区各类建筑建设阶段和运行阶段碳排放数据和占比如表 3.20 所示。其中，框架结构和砖混结构建筑在运行阶段能源使用上并无差异，所以均参考所有调研案例村的平均值 3193.15kg，木结构建筑的运行能耗参考湘西地区案例村的平均值 2652.37kg；建筑碳排放强度的计算中，建筑面积分别取调研中的建筑建材使用调查案例，砖混建筑面积 330.76m²，框架结

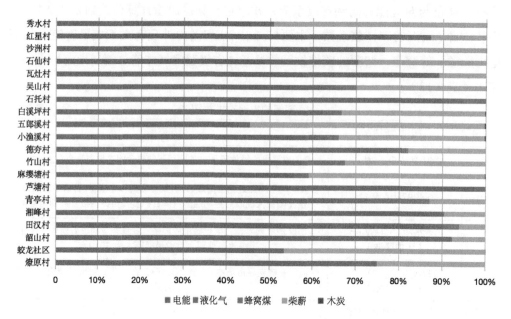

图 3.8　住宅建筑用能结构

构建筑面积 592m², 木结构建筑面积 105m²。

说明: 参考《湖南省镇(乡)域村镇布局规划编制导则(2016)》, 规定每基准户(4人及其以下)宅基地占地面积不超过 100m², 层高一般不得超过 3 层, 建筑面积不宜超过 300m², 底层层高不宜超过 3.6m, 其余层高不宜超过 3.3m, 单层建筑参考面积为 197.21m²。但是实际农村建房时并没有严格按照规定执行, 宅基地面积一般大于 100m², 尤其是选择框架结构建筑的家庭由于经济条件较好, 建筑面积远远大于 300m²。湘西五郎溪村和白溪坪村调查过程中发现人均宅基地面积达到 200m²。

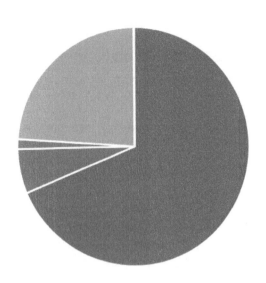

■ 电能　■ 液化气　■ 蜂窝煤　■ 柴薪　■ 木炭 *
★ 木炭占比不足 1%

图 3.9　湖南乡村住宅建筑能源碳排放占比

湖南乡村住宅建筑全年运行碳排放量(单位: kg)　　　　　表 3.19

能源碳排放量		电能	液化气	蜂窝煤	柴薪	木炭	碳排放总量 (kg/m²)	碳排放强度 (kg/m²)
湘北地区	1 燎原村	1927.88	160.99		698.19		2787.06	14.13
	2 蛟龙社区	767.69	114.36		768.01	0.60	1650.66	8.37
	3 韶山村	3878.18	240.30		349.10		4467.58	22.65
	4 田汉村	6139.17	309.77	259.47	437.09		7145.50	36.23
	5 湘峰村	3783.24	166.54		418.91		4368.70	22.15
	6 青亭村	1834.30	166.54	389.20	356.39		2746.43	13.93
	7 芦塘村	6847.12	180.82				7027.94	35.64
湘西地区	8 麻缨塘	1576.93	96.08		1155.95	7.55	2836.51	14.38
	9 竹山村	4482.57	801.49		2560.03		7844.09	39.78
	10 德夯村	4931.59	266.47	22.56	1147.71		6368.33	32.29
	11 小渔溪	1860.48	80.05		990.43	10.32	2941.28	14.91
	12 五郎溪	1053.54	98.08		1377.25	8.55	2537.42	12.87
	13 白溪坪	2009.14	139.29		1071.20	7.80	3227.43	16.37

续表

能源碳排放量			电能	液化气	蜂窝煤	柴薪	木炭	碳排放总量（kg/m²）	碳排放强度（kg/m²）
湘中	14	石托村	2001.46	114.08	124.40			2239.94	11.36
湘南地区	15	韩田村	2403.02	165.35	106.63	1142.00	1.60	3818.60	19.36
	16	瓦灶村	5468.50	156.55	22.56	698.19		6345.81	32.18
	17	石仙村	2292.87	1002.58	13.88	1396.38		4705.72	30.91
	18	沙洲村	1684.40	173.83		571.00	0.43	2429.67	12.32
	19	红星村	7428.91	1040.27	16.92	1252.92		9739.01	49.38
	20	秀水村	1492.01	179.23		1613.08	1.99	3286.30	16.66
平均值			3193.15	282.63	119.45	1000.21	4.86	4425.70	22.79

湖南城郊融合型乡村社区住宅建筑碳排放强度　　　　表 3.20

建筑类型	建设阶段	运行阶段	总计	碳排放强度
砖混建筑	157477.14kg/年	3193.15 kg/年	160670.29kg	485.76kg/m²
框架结构建筑	271663.68kg/年	3195.15 kg/年	274858.83kg	464.29kg/m²
木结构建筑	31431.85 kg/年	2652.37kg/年	34084.22kg	324.61kg/m²

可以发现框架结构建筑建设阶段碳排放量比砖混建筑要大，但是单位建筑面积的碳排放强度却比砖混结构要低。而建筑运行阶段，不同建筑结构的碳排放强度则差别不大，更多地与居住者的经济水平以及能源使用习惯相关。

3.3.2　交通出行碳排放

交通出行碳排放则根据村民年交通出行路程与单位路程的能源消耗量进行估算，计算公式如下：

$$交通出行碳排放 = \frac{年出行里程数（km）}{每~km~油耗} × 汽油碳排放系数 \tag{3.2}$$

　　根据调研发现，交通碳排放量与社区距离乡镇 / 集镇距离高度相关，乡村社区居民的出行目的地一般为乡镇、市区，出行频率各不相同。交通碳排放的差异主要体现在乡村类型上，旅游型乡村和农旅型乡村的交通碳排放明显高于农业型乡村，是因为旅游型乡村的交通活动更频繁。以韶山村为例，景区采用内部交通体系，所有游客必须乘坐景区内的公共交通，10 分钟一个班次，整个游览路线路程约 15km。同时经营餐馆、民宿的经营户几乎每天都要往返韶山市购买食材，往返距离约 12km。农业型乡村居民出行以电动车和汽车为主，主要是到镇上采购食材、生活用品，频率为一周一次或者两周一次。农旅型乡村也有兼业的农户，同时在镇上经营商铺，但是居住在村内，所以交通碳排放一定程度与乡村本身的经济活力有关，经济发展活力越强，交通出行越频繁，交通产生的碳排放越高。

3.3.3　社区整体碳排放

　　本书社区整体碳排放计量由生活直接碳排放与交通碳排放两部分组成，生活直接碳排放由住宅建筑建设阶段碳排放和使用阶段碳排放两部分组成，所以社区整体碳排放计算公式如下：

$$C_{社区} = N \times (C_{建设阶段} \times S_{户均} + C_{运行阶段} + C_{交通}) \tag{3.3}$$

　　式中，N 为户数，$C_{建设阶段}$ 为建设阶段建筑的碳排放强度，$S_{户均}$ 为户均建筑面积，$C_{运行阶段}$ 为建筑使用阶段的户均碳排放强度，$C_{交通}$ 为户均年交通碳排放量。

　　以湖南地区为例，首先调查计算农村社区建筑的碳排放强度，从而根据邻里组团户数、社区户数实现"自下而上"对各个社区邻里单位碳排放量、社区整体碳排放量的统计。调查发现，湘北、湘南建筑均以砖混建筑为主，湘西地区则以木结构建筑为主，所以研究中以各地区普遍存在的建筑类型来确定碳排放强度，湘北和湘南地区统一碳排放强度为 485.76kg/m² 全年，湘西地区为 324.61kg/m² 全年；同时各个案例村的户均建筑面积也不同，户均面积则根据调研数据平均值做参考。根据估算，湘北、湘西、湘南各案例村碳排放情况如表 3.21 所示。

案例社区整体碳排放量　　　　表3.21

地区		户数	平均建筑面积（m²）	建设阶段	运行阶段		社区碳排放量（t）
				碳排放强度（kg/m²）	能源碳排放（kg）	交通碳排放（kg）	
湘北地区	1 燎原村	775	168.06	485.76	2787.06	1201.67	66359.81
	2 蛟龙社区	765	212.31	485.76	1650.66	711.7	79676.29
	3 韶山村	1355	283.56	485.76	4467.58	2204.42	195681.11
	4 田汉村	736	375	485.76	7145.50	2423.15	140022.11
	5 青亭村	840	280	485.76	2746.43	839.32	117262.78
	6 芦塘村	1040	308.09	485.76	7027.94	4819.72	167965.68
湘西地区	7 麻缨塘村	601	164.46	324.61	2836.51	1635.13	34772.06
	8 竹山村	302	180	324.61	7844.09	1924.95	20596.05
	9 坪朗村	386	200.21	324.61	6368.33	112.41	27587.77
	10 小渔溪村	700	144.36	324.61	2941.28	1754.41	36089.47
	11 双桥村	672	150.66	324.61	2537.42	1369.39	35490.04
	12 秀洲村	347	170	324.61	3227.43	1916.64	20933.74
湘南地区	13 石托村	377	179.19	485.76	2239.94	250.12	33754.09
	14 吴山村	729	179.19	485.76	3818.60	2273.09	67895.43
	15 瓦灶村	394	304.29	485.76	6345.81	60.48	60761.97
	16 石仙村	1098	283.33	485.76	4705.72	338.73	156656.96
	17 沙洲村	142	172.19	485.76	2429.67	1487.81	12433.59
	18 红星村	585	460	485.76	9739.01	839.03	136906.17

（1）地域差异性

从地域差异来看，湘北地区和湘南地区的社区碳排放总量要高于湘西地区（图3.10、图3.11）。首先是建筑建设阶段的碳排放湘西地区的木结构要远远小于湘北、湘南地区的砖混结构建筑；其次运行阶段湘北、湘南地区的户均交通能源消耗大于湘西地区（图3.12），这是因为湘西地区居民出行活动相对较少，且交通工具一般为步行或者摩托，碳排放相对较少。而从碳排放强度来看，湘南的个别旅游型乡村碳排放强度甚至大于湘北地区，主要是由于旅游活动强度较高，所以建筑运行阶段的碳排放强度变大。

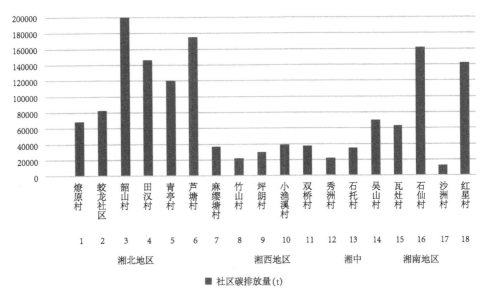

图 3.10　湖南各案例村 / 社区碳排放总量

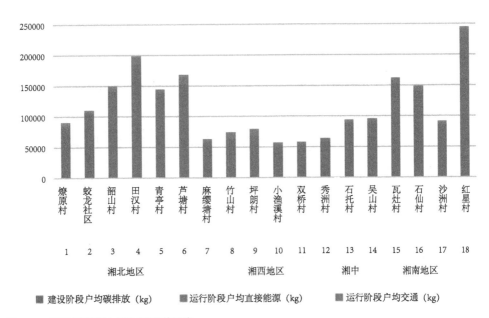

图 3.11　湖南各案例村 / 社区碳排放强度

（2）乡村类型差异

从乡村类型来看，旅游型与农旅型乡村的碳排放强度明显高于农业型乡村（图 3.13）。湘北地区碳排放强度排名前四均为长沙市周边的旅游型乡村、农旅型乡村，其中青亭村虽然是现代农业主导乡村，但是由于靠近城市，在家庭能源使用上和建

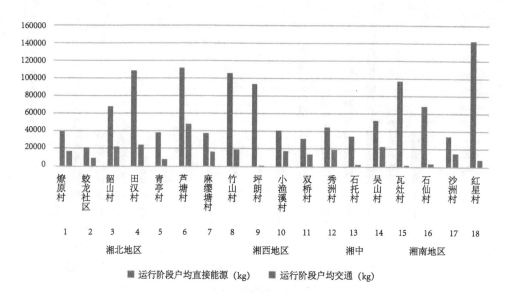

图 3.12 湖南各案例村／社区建筑碳排放强度与交通碳排放对比

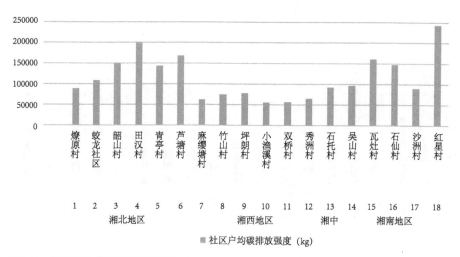

图 3.13 不同类型乡村／社区碳排放强度

筑面积上都大于普通的农业型乡村。湘南地区和湘西地区则旅游型、农旅型乡村碳排放强度明显大于农业型乡村。整体来看，碳排放强度排放前四的红星村、田汉村、芦塘村、韶山村均为发展成熟的旅游型、农旅型乡村，具有明显的区位优势，旅游活动频繁。同时这类乡村社区村民自建房改造民宿、农家乐经营的情况较多，建筑品质较高，居民生活水平显著提升。

3.4 碳排放源与空间要素对应关系

社区整体碳排放来自不同的邻里组团，而不同邻里组团的碳排放来自于每栋住宅建筑，可以说住宅建筑是社区最小的碳排放单元，社区整体碳排放的构成可以概括为图 3.14。由于不同乡村社区的主要能源消费活动存在差异，本书通过地理信息系统技术中的数据可视化，希望通过绘制不同类型乡村社区的碳排放图谱，明确不同类型乡村社区碳排放源在空间分布上的差异性。

通过地理信息系统技术（GIS）实现碳排放数据在空间格局上的可视化，明确村镇社区内部碳排放的空间分布，主要的工作流程如下：

绘制案例乡村社区 CAD 格式的空间形态图，通过地理信息系统将数据格式转变为矢量文件格式；通过前文乡村社区碳排放计量方法，计算样本社区内不同类型建筑碳排放，建立碳排放面板数据库；将案例村社区的矢量文件格式导入地理信息系统，通过属性添加碳排放字段和每个要素的数据；通过属性—样式，采用"自然

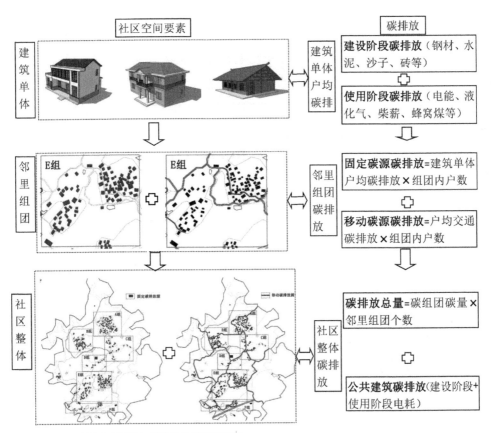

图 3.14 社区空间形态要素与碳排放核算关系模型

断点法"将碳排碳数值进行类型划分，将碳排数据划分为由高到低的五个等级，生成碳图谱。

通过碳图谱则可以查看主要碳排放源与社区空间要素的对应关系，有利于通过主要碳排放源的空间优化设计，实现社区能源消耗的控制和减碳目的。

3.4.1　农业型社区碳排放及空间分布

案例社区中农业型社区的碳排放图谱如表 3.22 所示，主要的碳排放源来自村委会的公共建筑、农业种植大户、农业企业、村内商店以及经济条件较好的新建建筑。可以发现，除了公共建筑和商店外，碳排放源均与农业生产活动相关。农业企业与农业大户因从事农产品种植、农产品加工而产生较大强度的能源消耗。具体能源消耗阶段包括农业种植过程中的农药化肥、柴油、灌溉等农业物质投入，农产品运输过程中的交通能耗，存储场地的采光、通风、冷冻所需能耗，农产品加工过程中的能源消耗。所以农业型乡村社区中农业种植大户应成为低碳空间营建的主要目标，其生活、生产空间应成为低碳空间营建的主要对象。但是，这里的农业种植大户并非完全的生产性建筑，是乡村居民为适应新的生产功能对自有建筑的功能改造，居住功能与农业生产功能并存，以家庭农场为主要形式。如田汉村等都存在的，户主在原有建筑东侧钢结构搭建大空间的厂房大棚作为农产品加工空间和农业器械工作车间，原有居住建筑部分空间作为农产品储藏室。这类建筑属于农业产居一体化建筑。

农业型乡村社区碳排放空间分布　　　　　　　　　　　　表 3.22

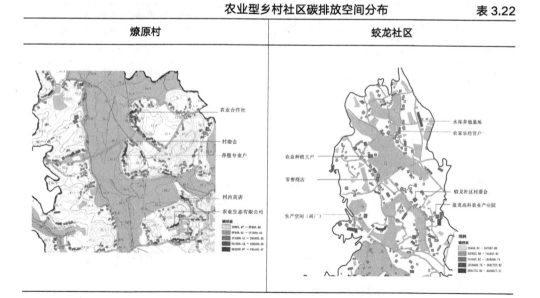

燎原村	蛟龙社区

续表

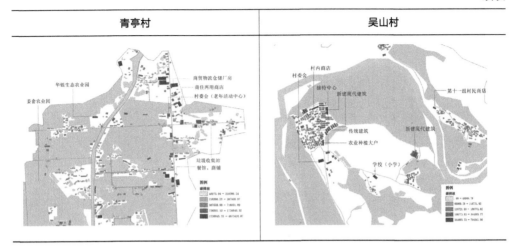

3.4.2   旅游型社区碳排放及空间分布

案例社区中旅游型社区的碳排放图谱如表 3.23 所示，主要的碳排放源来自游客服务中心、村委会等公共建筑以及从事餐饮、住宿、旅游产品销售等生产经营的农户。碳排放均与旅游生产活动相关，具体包括经营户本身的生活能耗、炊事用能，以及为满足游客需求舒适度产生的旅游服务的碳排放，如空调能耗、食材采购、游客接送的交通能耗等。可以说农户参与旅游后的能源使用结构发生了显著变化，由以前的电能、柴薪转变为电能、柴薪、汽油、液化气多种能源，同时使用量大幅提升。所以旅游型乡村低碳空间营建的目标和对象主要是从事旅游生产相关活动的农户、商户以及所利用的空间。主要涉及的建筑类型仍然是以居住 + 旅游服务功能的产居一体化建筑。如商业零售类建筑多是户主在原有建筑基础上，将堂屋作为主要的销售空间，或者将南向的卧室与堂屋打通，同时增加南向门窗面积和通透性吸引游客。但是经营者仍然居住在二层或者一层的部分房间。

所以旅游型乡村社区主要的碳排放源和建筑类型仍然属于居住建筑，只不过其是参与旅游服务的产居一体化的"旅游服务建筑"。

3.4.3   农旅型社区碳排放及空间分布

案例社区中旅游型社区的碳排放图谱如表 3.24 所示，主要碳排放源来自从事生产活动的农户，包括农业种植大户、农旅企业以及餐饮、民宿经营户。调查中，红星村的受访者表示，自从开展农旅项目以来，自家餐馆每周接待前来研学基地的学

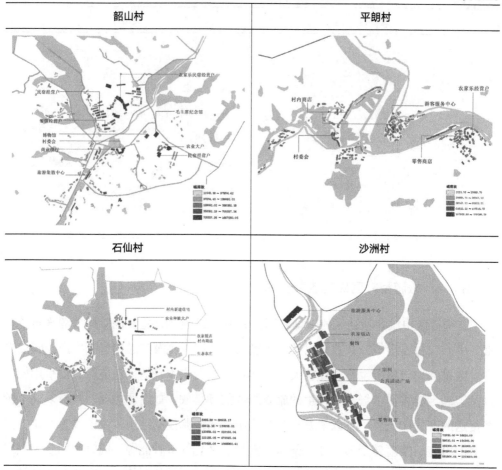

旅游型乡村社区碳排放空间分布　　表 3.23

生游客 200~300 人，一个月电费接近 1200 元，液化气每月使用 2~3 罐。草莓采摘园的受访者也同样表示，每周都有 200 人次的游客前来，为了维持大棚的温度和湿度，每个月电费达到 1500 元。所以，乡村社区的碳排放与生产活动的活跃度显著相关，游客越多，经营户的能耗也越高。但是，经营户当下的生产、生活空间本身也存在空间功能分布不合理、空间不集中导致的能源低效问题。所以农旅型乡村社区中从事生产经营活动的农户和空间成为主要的低碳空间营建目标与对象。其中涉及的建筑类型仍然属于产居一体化的建筑，是乡村居民参与到乡村新的农旅发展模式下的一种形式，是"居住 + 旅游服务 + 农业生产"的一种综合性的建筑类型。这种居住建筑的转型升级在很大程度上提升了建筑品质，但也使得居住建筑使用过程中碳排放强度增加。

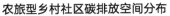

农旅型乡村社区碳排放空间分布　　　　　　　　　　　　表 3.24

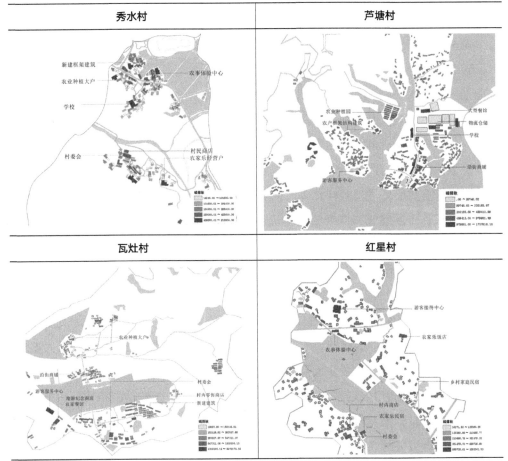

3.5　小结

总体来看，基于对湖南省城郊融合型乡村社区的现状调研，按照城郊融合型乡村社区产业转型方式可将其划分为农业生产型、旅游生产型、农旅融合型 3 种类型。按照整体空间形态特征可以将其分为分散式、组团式、线性式、向心式 4 种类型。

首先，从空间形态特征上来看：

①按照主导产业分类的乡村社区在整体空间形态特征上不存在明显差异，整体空间形态的差异主要体现在地域性差异上。如湘北地区乡村社区由于多岗地地形，建筑多围绕山体整体呈现组团式布局。湘西地区山地居多，居民点多顺应山势、河流呈线性布局。湘中地区地势相对平坦，居民点以自由分散布局为主。湘南地区传

统村落居多，多以祠堂为中心呈向心式聚集，社区边界明显。

②根据邻里组团内建筑之间的排列组合方式，湖南城郊融合型乡村社区邻里组合形态又可以细分为 T 字型、一字型、行列式、自由式、斜列式、错列式 6 类。

③地域性差异比乡村社区主导产业对邻里空间形态特征影响更加明显。湘北与湘南地区经济水平较高，产业现代化转型明显，乡村社区基础设施建设完善，旅游型乡村的特色明显，且乡村多经过统一村庄规划与风貌改造，邻里空间呈现规制下的高品质空间形态；湘西地区受地形和交通限制，发展相对滞后，但同时保留了浓郁的少数民族特色与风貌，邻里空间呈现小农经济下的自然秩序。

④建筑空间形态呈现多样化到趋同化的趋势。由于居民对现代化、品质化生活空间的追求，砖混建筑和框架结构建筑逐渐代替了传统的砖砌结构建筑和木结构建筑，建筑形态多样化。

其次，碳排放现状如下：

①从地域来看，湘北和湘南地区的社区碳排放总量远高于湘西地区。从乡村类型来看，旅游型与农旅型乡村社区碳排放远高于农业型乡村社区；从建筑类型来看，仅考虑建筑运行阶段的碳排放，砖混建筑与框架结构建筑碳排放强度并无太大差异，碳排放强度差异主要源自居住人群的能源使用习惯。

②农业型乡村社区碳排放主要与农业生产活动相关，碳排放空间单元主要是农业种植大户；旅游型乡村社区碳排放主要与旅游服务活动相关，碳排放空间单元主要是从事旅游服务的农户、商户；农旅型乡村社区碳排放与生产、旅游服务活动的活跃度相关，碳排放主要来自从事农旅生产经营的农户。

③城郊融合型乡村社区主要碳排放源为产居一体化建筑，对应的空间类型为生活空间，只是当前的生活空间是游客和村民共同主导的经过自发改造后的"产居一体"的生活空间，空间功能不仅仅是居住，而变得更加多元。

总体来看，组团式布局和向心式布局的湘北和湘南地区的案例乡村碳排放总量要高于线性式布局和分散式布局的湘西、湘中地区的碳排放。可以确定碳排放量与经济水平相关，但是整体的空间布局和邻里组团的形态是否会影响碳排放，将会在第 5 章展开相关关系的定量研究。

第 4 章　湖南不同类型乡村社区空间与碳排放变化

在城乡融合的新发展阶段下，农村社会经济结构升级改变着城乡建成环境，推动着乡村空间转型。外部资本介入为我国乡村产业升级、空间活化以及社区重构注入了强劲动力，"资本下乡"与乡村空间、营建主体之间的显著相关性已得到证实。同时，资本介入带来的空间生产趋利性造成了乡村风貌破坏、空间混乱与发展不可持续等诸多问题困境，并且在近郊乡村更加突出。

本章主要聚焦三方面内容：其一是湖南城郊融合型乡村有哪些不同的转型方式及不同类型乡村空间生产现状下存在的关键问题识别；其二是不同转型模式下乡村空间形态的变化特征及其背后的机制；其三是不同类型乡村社区空间形态变化对碳排放的影响与机制研究。

通过对湖南不同类型城郊融合型乡村社区空间形态与碳排放的动态识别，可以更好地理解城乡发展过程中乡村差异化的空间生产模式与碳排放增长趋势，一方面可实现对低效无序空间的秩序重组与优化，另一方面能有效控制碳源的增长趋势。

4.1　湖南乡村转型回顾

本节以空间生产相关理论为基础，结合已有文献论证城郊融合型乡村所发生的乡村转型与空间生产实践，重点关注三元空间相互影响下的乡村社区空间实践部分，并进一步通过对湖南省城郊融合型乡村社区的实地调研与访谈的方法对其空间生产现状与问题进行分析。

转型是指社会从一种形态向另一种形态的变迁与过渡，是社会形态的跨越式发展，强调前后的差异性，包括经济体制、治理体系、社会文化方面的变迁。本文关注的是进入 21 世纪以来城乡融合发展阶段的湖南乡村转型，时代背景梳理如表 4.1 所示。可以发现这一阶段国家层面的制度转变主要表现为土地承包经营权的流转，这也是引发乡村转型的主要背景。考虑到自 2006 年新农村建设实施步入了新的发展阶段，本文选取 2006—2018 年为研究时间范围，计算土地制度变革下湖南乡村"人—地—产"转型变化情况（表 4.2）。

城乡融合发展阶段下的乡村发展政策　　　　　表 4.1

时间	政策内容	政策文件及会议
2003 年	城乡统筹发展	党的十六届三中全会从统筹城乡发展的高度,提出完善土地流转制度、发展多种形式的农村专业合作的改革思路
2006—2008 年	建设社会主义新农村	党的十六届五中全会上国务院正式提出"建设社会主义新农村"战略,2007 年把发展现代农业作为社会主义新农村建设的首要任务,2008 年要求强化农业基础设施建设
2009 年	新土改	2009 年中央一号文件明确允许农民流转土地承包权,逐步放开农村集体建设用地使用权流转市场
2013 年	构建新型农业经营体系	2013 年中央一号文件鼓励支持农户土地经营权向农业大户、家庭农场、合作社流转
2014—2015 年	人居环境整治	2015 年中央一号文件明确开展村庄人居环境整治、推进城乡基本公共服务均等化;承包地所有权、承包权、经营权"三权分离"
2016 年	推进三产融合发展	2016 年开始中央一号文件提出完善农业产业链,扶持建设特色景观旅游村镇,鼓励发展休闲农业和乡村旅游,深化集体产权制度改革
2019 年	城乡融合发展体制机制	党的十九大上中共中央、国务院提出建立健全城乡要素合理配置,城乡基本公共服务普惠共享、基础设施一体化发展等多方面体制机制的意见
2020 年	集体经营性建设用地入市	4 月国务院印发《关于构建更加完善的要素市场化配置体制机制的意见》,明确农村集体建设用地入市指导意见

可以看出,湖南乡村产业转型趋势明显,农业现代化生产水平提升,而用地转型与人口转型程度则不明显,农村耕地结构未发生明显变化,人口非农化程度低,仍然以农业主导型乡村为主,乡村转型模式是以农业现代化转型为主,且处于转型初期[①]。

2006—2018 年湖南乡村"人—地—产"转型变化情况　　　表 4.2

	2006年	2007年	2008年	2009年	2010年	2011年	2012年	2013年	2014年	2015年	2016年	2017年	2018年
人口转型度	2.21%	6.48%	1.32%	1.72%	3.62%	3.93%	1.79%	2.38%	1.00%	1.81%	2.18%	0.51%	0.69%
耕地占比	17.88%	17.89%	17.89%	19.52%	—	—	—	—	19.61%	19.61%	19.58%	19.60%	—
产业转型度	18.10%	35.54%	59.38%	28.52%	36.09%	43.32%	45.54%	42.07%	45.05%	47.24%	52.89%	54.17%	56.44%

数据来源:各年份《湖南农村统计年鉴》,由于用地数据获取有限,仅用耕地占比说明农用地的变化;人口转型度由非农人员比例变化率和人口城镇化率加权得到;产业转型度由产业结构变化率、机耕面积变化率、农业劳动生产率、农业产出率变化率加权得到

---

① 到 2018 年产业转型度小于 60%,相对于同时期浙江省产业转型度 98%,可认为湖南处于转型初期,具有较大转型潜力。

与上述基础理论与转型结果相对应，本文将以城郊融合型乡村的人口、产业、经营模式、建设主体等转型现状调查为基础对湖南城郊融合型乡村社区展开分类与空间形态变化研究。

4.2　基于空间生产的不同类型乡村社区空间变化特征

乡村社会转型背景下的产业结构革新、人地关系重组与乡村地域空间重构存在着耦合关系，尤其是产业升级是空间演变的基本动力。而湖南案例乡村社区都存在明显的产业转型趋势，势必会对空间产生影响。

4.2.1　农业型社区——生产空间规模化与住宅形态多元化

空间实践是在空间表征影响下对特定物质性空间的生产建构。以农业型的燎原村为例，其空间实践主要表现为企业、资本主导下，政府引导农户参与的对农业生产空间的集中化与规模化经营。农户将土地流转给种田大户、农业合作社或企业集中经营，产业空间呈组团形式发展。"人地分离"使得部分农民外出务工，部分农民进入农业企业工作形成雇佣关系，部分村民从事农产品加工经营。生产方式的多元化使得产居分离，部分村民经济收入增加，新建高品质住宅（图 4.1）；同时生产功能向企业的转移使得住宅空间形态逐渐现代化，建筑结构和形式都由传统变为现代（图 4.2）。可以发现，不同主体对农业生产价值的共同目标追求使得农业生产规模化、住宅空间多元化。

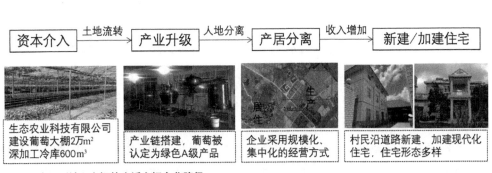

图 4.1　农业型社区空间的生活空间变化路径

总体来看，农业型社区以生产生活空间分离为主要特征，且生活空间变化以住宅建筑形态变化为主。然而，农业型社区生活空间的主要问题体现在：新建建筑风格多样，空间地域性缺失；新建住宅农业生产空间缺失，生产居住空间混乱；部分

图 4.2 建筑形态由传统向现代转变

住宅空间品质差；公共空间不足且空间形式单一。在此情况下，如何兼顾农业生产功能同时提升住宅空间品质成为农业型社区的关键问题。

4.2.2 旅游型社区——旅游配套服务空间生产

旅游社区空间的实践伴随着旅游生产与消费活动产生的对乡村社区空间的生产过程，本地居民、外来投资者、政府及游客是乡村空间实践的主体。发展初期的乡村空间实践往往是旅游服务设施兴建的共同目标，如沙洲村公共空间面积的增加以及景观节点、轴线空间的塑造，是良性的空间生产。而发展中期，各方利益冲突增多，不和谐的社会关系状态则会不利于空间生产的可持续。如韶山村为争夺客源，一方面出现以度假休闲功能为主的精品消费空间，使原有村落空间的原真性丧失；另一方面村民自组织经营的民宿、农家乐以及加建的彩钢房，造成住宅空间功能混乱，整体风貌被破坏（图 4.3）。

旅游型社区的空间生产以旅游服务空间配套为主，社区生活空间问题主要表现为：旅游空间形态趋同，地域特色打造不足，旅游体验感一般；村民自建民宿等服务空间缺乏管理，安全难以保障，且村落整体风貌被破坏。因此，保护传统建筑风貌，提升空间品质与旅游吸引力成为旅游型社区空间营建的主要目标。

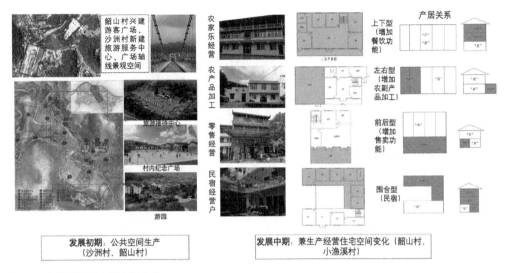

图 4.3　旅游型社区生活空间变化

4.2.3　农旅型社区——生产生活多元空间生产

农旅融合型多见于以田园综合体为模式建设的乡村社区，如秀水村和芦塘村。这类社区仍然以农业为主导产业，并对农业功能进行了拓展，培育出农业、文化、旅游"三位一体"的新模式。其空间实践由投资者、政府主导，农户以出让土地和参股为主要方式参与空间生产，以田园综合体和农旅项目为主要形式。这类乡村社区发展基础较好，农户参与度较高，经过提前规划，空间协调有序并富有特色，能够给地方社区带来更好的品质改善。例如，秀水村为满足游客需要增加了公共厕所、展览馆等配套设施，乡村空间品质普遍提升；但同时也会有管理不善，村民自发改造的品质较差的消费空间，使得乡村空间品质呈现两极化现象（图 4.4）。

就农旅型乡村社区而言，生活空间问题主要表现为：空间融合处于初期探索阶段，仍然以农业生产为主，未形成成熟的农旅空间；村民自建休闲旅游服务空间品质差，空间组织混乱。

总体而言，不同类型乡村社区空间生产模式不同，但均以建成环境的再开发为主。农业型社区主要以生产空间规模化为主，旅游型社区以旅游服务空间生产为主，农旅融合型社区则以多方位的农旅融合空间生产为主，同时文化景观的塑造与文化产业的挖掘逐渐成为生产空间系统新的价值增长点。

旅游配套设施建设与公共空间营造
（韶山村、沙洲村）　　农旅融合、休闲空间的生产
（芦塘村）　　社区整体空间品质的两极化
（芦塘村、秀水村）

图 4.4　农旅型社区生活空间变化

4.3　空间形态变化的影响因素

4.3.1　空间生产的影响因素

根据列斐伏尔"空间生产理论"，空间是社会关系运作的结果与媒介。而人们对于空间价值认识的增强，驱使多元化表征空间的出现。乡村转型过程中空间形态的变化由很多因素共同影响，主要分为内生动力与外部环境。不同类型乡村社区空间生产的外部环境因素主要包括政府、土地制度、企业资本和市场需求（图 4.5）。造成农业型与旅游型乡村不同空间生产形式的原因是乡村本身的资源要素不同，即内生动力不同。因此，对于转型中的乡村社区需要从内外不同要素出发，组织要素之间的关系来实现空间价值最大化。

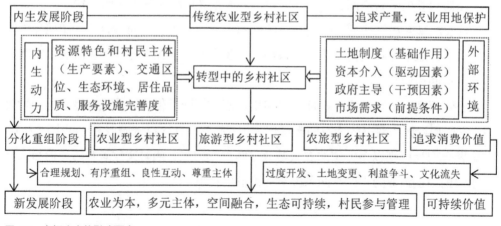

图 4.5　空间生产的影响要素

4.3.2　产业转型对空间形态变化的影响机制

根据人地关系理论，在关注乡村空间营建的同时更要关注乡村空间演变背后的人地关系①再造。已有大量对"苏南"乡村转型机制研究表明用地使用权流转、集中社区建设、工业化等是空间转型的动力。也有学者关注消费转型为主的"旅游型"乡村空间转型，阐述不同阶段参与乡村空间重构的行动者。湖南城郊乡村不管在转型阶段还是转型模式上都与前两类乡村存在差异，以农业现代化转型为主，同时并存有旅游和农旅的模式。

4.3.2.1　人地关系变化

通过调研发现，湖南近郊乡村转型背后的人地关系变化主要是土地流转后农户与土地脱离。而人地关系变化的同时影响农业生产方式、居住行为、邻里关系。企业通过对土地经营权的承包，实现生产用地规模化、机械化、景观化；村集体则响应国家人居环境整治政策新建道路与公共服务设施以提升社区环境质量；农户身份转变，有的村民选择外出务工或远距离就业，邻里交往减少，有的村民则以股份制加入农业合作社开展民宿经营，新建扩建房屋。总体来看，乡村种植养殖基地规模化，居民点、道路等建设用地增加，住宅形态多样化，社区空间形态发生变化。

人地关系变化背景下社区不同主体对空间有新的需求与响应。企业经营者表示

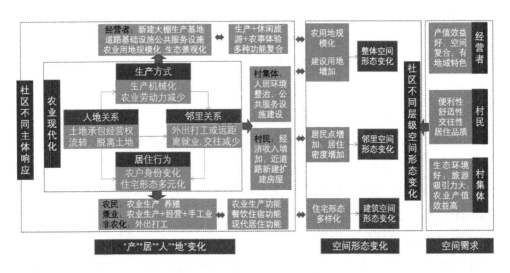

图 4.6　"农业现代化—人地关系—空间形态"变化关系

---

① 从狭义上来讲，人地关系中，"人"是指在一定的地域空间上能够从事生产活动或社会活动的人，"地"是指受人类活动影响不断改变和适应而形成的具有地域差异的地理环境，包括自然环境和社会环境。

农产品附加值低,希望通过生产种植基地的规模化、农业生产与旅游体验空间复合以实现农旅融合发展;大多农户则表示希望新建广场,提升居住建筑内部空间质量;村集体则通过乡村环境建设实现"生态立村、旅游兴村、产业旺村"。新的人地关系状态下,社区不同主体的空间需求总体表现为对空间特色、功能复合与空间品质的提升,而需求和响应行为共同促使了社区空间形态的变化(图4.6)。

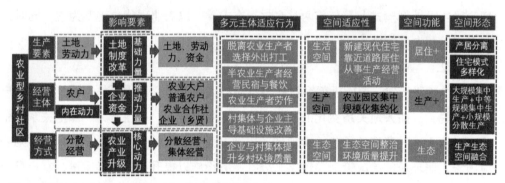

图4.7 城郊"农业型"乡村社区空间形态变化的影响机制

4.3.2.2 空间形态变化的影响要素

（1）土地流转制度是基础力量

由图4.7可知,土地流转制度的实施使得大多数村民脱离土地选择外出打工或经营民宿,经济改善后对自家房屋进行改扩建导致居民点增多、建筑形态发生变化。土地、劳动力生产要素的变化共同决定了不同主体对社区的空间营建行为,所以土地流转制度在乡村社区空间转变中承担着基础性作用。

（2）社区建设的多方参与是推动力量

乡村是一个存在权力关系且动态变化的行动者网络空间,空间变化在政府、村民、资本等多方经营主体之间的互动中实现。乡绅企业家则是乡村社区空间营建中资金生产要素的重要来源,他们不仅经营企业,同时也出资协助村集体进行基础设施建设和环境整治,以实现乡村整体生态环境质量提升。所以乡绅企业家是乡村社区空间转变的重要推动力量。

（3）村民角色转变是内在动力

农户作为乡村社区的主要劳动力生产要素,同时也是社区的经营主体。当前多数农户已经摆脱了完全的"农业生产者"的角色,属于"半农业生产者",他们在保留一定农用地的同时在附近镇上或者园区打工;或者成为完全的"非农业生产者",经营民宿和农家乐,生活空间同时也是生产空间,农户生产行为多元化导致多样的居住空间需求，导致生活空间形态发生变化。这其中，村民角色的转变与对空间消费价值的认识成为社区空间转变的内在动力。

（4）农业转型升级是核心动力

农业转型升级内涵不仅表现为农业生产技术的升级，同时也表现为产业生产经营方式的多样化。首先，农业现代化转型对用地效率提出了更高的要求，所以兼具农业生产和休闲旅游体验功能的规模化的种植养殖基地和农业园区等新型生产空间出现；其次，农业经营主体也以少数核心农户、种田大户、合作经济组织等多种类型并存，仍然存在分散生产经营的方式。所以当前农业用地承包经营权流转后，同时存在"大规模集中经营＋中等规模集中经营＋小规模分散经营"多种不同农业生产空间类型。可以说农业产业升级是乡村社区空间转变的核心动力。

4.4 空间生产对碳排放的影响

4.4.1 农业型社区

在调研过程中发现，湖南地区案例村均距离城镇 20km 以内，交通便利，道路硬化覆盖率达到100%，自来水普及率达到100%，污水处理和垃圾处理达到全覆盖，基础设施相对完善。大多数乡村的农业经营模式以种田大户承包集体经营为主，结合农业合作社、分散经营多种模式并存，土地流转制度的实施使得大多数村民脱离土地选择外出打工或在本地农业企业就业，经济条件得到了很大的改善。

（1）生活现代化——能源结构改变导致生活能源碳排放增加

案例村大多数农户家都有电视机、电冰箱、空调等电器，同时湖南地区农村冬季使用电烤火箱比较普遍，农村的电能使用量显著提升。从课题组获得的湖南省浏阳市官渡镇观音塘村的历史数据来看，柴薪、蜂窝煤、电能是当地最主要的生活用能来源，三者总和占到了总能耗的97%，不同住宅建筑单位面积能耗如表4.3所示。

2007 年与 2021 年湘北地区乡村不同住宅单位面积能源碳排放　　表 4.3

时间	住宅情况	电能 （kg/m²·a）	木炭 （kg/m²·a）	蜂窝煤 （kg/m²·a）	液化气 〔kg/（m²·a）〕	薪柴 （kg/m²·a）
2007 年	全部样本	2.59	0.19	4.83	0.066	17.6
	生土住宅	2.54	0.28	6.09	0.065	21.2
	砖混住宅	2.63	0.11	3.61	0.067	14.1
2021 年	砖混住宅	17.47	0	0.28	0.58	1.31

资料来源：课题组调研数据

可以发现 2021 年与 2007 年相比，农村住宅建筑总体碳排放显著增加，单位建筑面积电能和液化气的碳排放量显著提高，而木炭、蜂窝煤、柴薪等能源使用碳排放减少。说明近 15 年农村清洁能源使用量推广效果显著，农村能源结构已经以电能为主。与 2007 年相比，单位建筑面积电能碳排放量增加了近 5.7 倍。

（2）生活现代化——住宅空间加建、扩建使乡村建设活动碳排放大幅增加

根据调研发现，农业型乡村社区土地流转后，大多数人会选择外出务工，在经济收入明显增加后选择回乡新建、加建住宅，甚至借钱也要修建房屋，农民工返乡建房现象明显。同时，从历年《湖南统计年鉴》可知，农村居民生活消费支出中，2000—2020 年的居住消费支出从 251.9 元增加到了 3367 元，居住消费部分显著增加。过度建房造成了不必要的资源（建材）和能源浪费。这一方面是由乡村土地政策不完善所致，另一方面是因为在传统的农村文化中，房屋的得体也是一种身份、能力、地位的符号象征。

（3）生产现代化——生产空间规模化使得生产机械用能碳排放增加

在对农业型乡村社区调研过程中发现，现湖南乡村农业经营模式以种田大户承包集体经营为主，结合农业合作社、分散经营多种模式并存。农业用地规模化经营已经成为常态，农业机械化水平较高。通过历年《湖南能源统计年鉴》计算可知，2000—2018 年，湖南农村地区农业机械柴油使用碳排放由 19.30 万 t 增加到 26.41 万 t，增加了近 37%。

（4）生产现代化——产居一体化建筑家庭能源碳排放增加

调研发现，不管是农业合作社还是农业种植大户，都存在农业生产空间功能单一，缺少现代农业配套空间的问题。尤其是农业种植大户用作农作物存储、加工的空间都是后来临时加建的，没有充分考虑生产生活的功能需求。空间布局和平面组织存在不同程度的问题：①生产空间布局不合理，如作物晾晒、冷冻、加工等生产过程所需空间都没有合理规划，使得生产空间面积无限扩大，空间的不集约造成了不必要的能源浪费。②产居空间平面组织未提前考虑营造良好的通风、采光条件，使得建筑使用过程中增加了不必要的降温设备投入和照明时间（图 4.8、图 4.9）；在对农业种植大户的能源实际调查中也发现，其家庭能源消费比普通农户高，普通农户月均电费 100~200 元，而农业种植大户则月均电费达到 800~1000 元，换算成电力消耗碳排放，相差了 9170kg。

其中，随着生产、生活现代化，生活能源使用结构的变化和农业机械用能增加是必然趋势。村民外出务工后，为了证明"混得好"，新建、扩建住宅使得乡村建

设用地不断增加，造成了不必要的资源浪费。同时，乡村社区公共空间和配套设施缺乏，村民选择电动车、摩托车出行进行交往和购物，增加了不必要的交通碳排放。最明显的能源浪费是产居一体化建筑空间设计不合理造成建筑使用过程中存在不必要的采光和通风能耗。产居一体住宅建筑本身对场地和空间大小要求较高，同时因容纳了大型机械设备，所以对空间的通风降温效果要求更高。

图 4.8　未考虑通风使用电风扇　　　　图 4.9　采光不足使得加工区光线昏暗

4.4.2　旅游型社区

在乡村振兴战略、全域旅游和田园综合体大力发展的政策背景下，乡村旅游产业正处于黄金发展时期，同时也是产业结构调整初期，乡村基础设施和公共服务建设、人居环境治理和旅游项目开发等都在如火如荼开展。

①发展初期，旅游配套空间建设增加了建设活动碳排放。案例村中，发展初期的乡村空间实践主要表现为旅游服务设施兴建，这个阶段碳排放主要来自建筑施工建设过程中使用建材和施工过程带来的碳排放以及用地变化带来的碳汇减少。五郎溪村按照旅游兴村的目标，在 2018 年全村集中建设大示范院落 6 个、风雨桥（长廊）4 座、文化广场 1 个，溪流整治 6km，硬化入户道路 7.8km，实现美丽生态环境与特色民族文化的深度融合，提升旅游品质；沙洲村以"红色文化"为主题，整合现状"红、绿、古"三大旅游资源，将红色旅游资源与现代乡村旅游结合，建设了游客接待中心、生态停车场、民俗广场、纪念广场、民俗商业街等项目；韶山村新建韶山宾馆，新增艺术花街、水街、艺术公社以及 23 个庄园与主题酒店、15 个生态停车场，并增加自行车休闲步道。乡村旅游配套设施的建设势必产生乡村转型初期碳排放，导致乡村整体碳排放的增加。

②发展中期，参与旅游生产的旅游服务建筑空间设计不合理造成碳排放增加。旅游发展中期的乡村空间生产与农户关联更为密切，大多数农户以经营民宿、餐馆、旅游商店等参与旅游生产，家庭能源消耗显著增加。

图 4.10　餐馆无效遮阳使得夏季能耗增加

图 4.11　围护结构保温隔热性能差

图 4.12　进深过大导致自然采光不足

图 4.13　窗墙比过大使得热损失严重

　　调研过程中也发现很多民宿和餐饮经营户使用的自建建筑缺乏专业设计和指导，例如空间设计得不合理导致采光、通风不足，窗墙比过大或未考虑夏季遮阳问题使得经营性建筑运营能耗增加；围护结构没有考虑保温等问题，用作客房的建筑全部为单玻塑钢窗，加大了当地建筑冬季供暖的能耗（图 4.10~图 4.13）；一些村民为了追求建筑空间效果而设置了大量空置房间，且装修华丽，造成了资源的浪费和建筑能耗的不必要增加。据实地调查可知，经营民宿的农户基本每个房间配备了空调，参与旅游生产的农户每月用电达到 500~1000 元，是普通农户家庭用能的 5~10 倍；经营餐饮的农户每月液化气达到 2~3 罐，而普通农户则为 2~3 个月 1 罐。

③旅游配套设施与路网布局不合理导致旅游地交通碳排放增加。旅游型社区相较于普通乡村社区，人流量更大，交通流动性更强，交通碳排放成为社区碳排放的重要部分。相关乡村旅游目的地交通碳排放文献研究也表明，旅游各环节中旅游住宿碳足迹最大，其次为旅游交通碳足迹，不合理的景点布局和路网布局会增加旅游地交通碳排放。如韶山村，景区售票处和景区距离较远，同时各个景点距离也较远，游客必须选择乘坐景区内公共交通巴士进入景区。经调研，游览韶山景区内主要景点里程约 30km，日均可运送游客达 2 万人次，景区共有 28 辆采用清洁能源天然气①的环保巴士，因景区行驶路径固定，景区共计 3 站停靠巴士，每 10 分钟一趟。经计算，韶山景区内使用清洁能源公共交通后，日均旅游交通碳排放量比之前私家车通行碳排放减少约 6690kg。同时，旅游配套设施，如景区内公共服务中心、旅游服务商店位置过于偏远会增加游客在景区内的往返交通，增加交通碳排放。

对于旅游型的乡村社区，乡村基础设施和公共服务建设、人居环境治理活动都是不可避免的建设活动，且这类建设活动往往是政府主导的经过科学规划的建设。但是旅游发展中旅游服务建筑如商店、餐馆、家庭民宿的设计更多的是村民自发的建设行为。户主一般遵循空间利用最大化和房间床位布置最大化的原则，其中对建筑的朝向、功能分区、采光通风环境未做过多精细化设计，使得建筑在使用过程中存在不必要的能源浪费。以餐饮服务类建筑来说，大多数经营户选择将原有建筑一层设置大空间作为餐饮大厅，二层按一般民居结构划分小空间作为居住空间。同时一层南向窗户考虑景观视野，窗墙比较大。较大的窗墙比和大尺度的餐饮大堂，导致餐饮建筑一层在夏季需要多台空调持续工作降温，夏季降温能耗大幅增加。同时，村民往往缺乏低碳节能意识，在建筑材料、建造方式的选择上更多地考虑成本问题，未能考虑建筑的保温隔热效果，也使得旅游服务建筑使用过程中碳排放强度较高。

4.4.3　农旅型社区

与旅游社区不同的是，农旅型的乡村社区在区位与经济水平上更加突出，休闲旅游优势明显。农旅型社区以种植基地为载体，推广农产品精深加工，以培育全产业链体系为切入点，探索农业生产与研学教育、民宿体验、休闲旅游等产业的深度融合发展。

用地置换导致碳汇减少。这类以田园综合体和农旅项目为主的乡村空间实践往

---

① 天然气与柴油车型相比，每公里二氧化碳减排量约 5.7835kg/km。

往用地问题突出，存在农用地、生态用地置换的现象。如在芦塘村、红星村调研过程中，农旅企业负责人都反映目前经营中存在的最大问题是用地问题，农旅项目开发由于基本农田用地保护而受限。生态用地减少是城郊融合型乡村普遍存在的现象，农旅型乡村则更加明显。

配套建设农旅服务建筑增加了建筑建设阶段碳排放。农旅型乡村的空间生产活动更加活跃，在农业园基础上配套建设了农旅综合服务区，如燎原村的凯佳生态园示范基地，设置了种养加工、仓储物流等生产建筑，会展培训、商贸销售等生产服务建筑，以及观光休闲康养等产业延伸类建筑（图4.14）。

燎原村凯佳生态园新建种植大棚2万m²　　　燎原村凯佳生态园新建冷库600m²

青亭村华银生态园新建蔬菜大棚7.5亩　　　芦塘村新建老种子博物馆1000m²

图4.14　农旅产业园中的农旅建筑配套情况

青亭村华银生态园为促进一二三产业融合发展，以水稻、蔬菜、瓜果等原生态农业种植为主导，基地范围内配置自动喷灌露地种植基地100亩①，同时建有7.5亩种植大棚，配套建设了2000m²农产品销售品鉴中心，包含农产品展厅、餐厅以及销售大厅。农旅型乡村社区的生产建筑为适应产业融合发展，类型逐渐多元化、

① 1亩约为666.7m²。

复杂化，建筑类型变化如图 4.15 所示，而建设活动一定会导致碳排放量增加。根据第 3 章建筑建设阶段碳排放计算可知，每平方米砖混结构建筑建设阶段碳排放为 476.11kg，所以青亭村配套建设 2000m² 农产品销售中心，建设阶段即增加碳排放约 95.22 万 t。

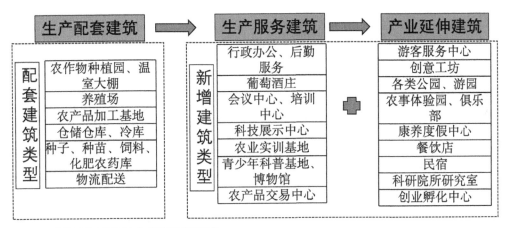

图 4.15 农旅型乡村社区中生产建筑类型变化
图片来源：调理组资料

调研过程发现，农旅型乡村本身具有较好的经济条件，居住建筑品质较高，生活能源消费水平也较高，参与旅游经营的家庭，其生活能源碳排放量则变得更高。

调研中发现农旅型乡村社区建筑品质相比农业型和旅游型乡村更高，以框架结

图 4.16 农旅型乡村建筑类型

图 4.17 农旅型乡村社区家庭使用空调设备配置情况

构的新中式建筑为主，一般为 2~3 层（图 4.16）。农旅型乡村家庭收入和生活能源消费水平也普遍较高，家庭电器使用率较高，每户配备空调多于 2 台，每月电费 300~1500 元，户均年电能使用量跟城镇居民没有差别（图 4.17）；电能是农旅型乡村社区主要使用的综合性能源，其碳排放受农户接待游客数量、从每位游客身上取得的平均收入的显著正向影响。游客接待数越多，农家乐经营户能源使用量就更多。红星村餐饮店老板表示现在每月电费达到 1500 元，液化气每月使用量 4 罐，年平均交通里程达到 4505km，年家庭碳排放量达到 14242kg，相比于之前没开餐馆的时候，家庭能源消费支出多了 4~5 倍。

同样地，如果说乡村农旅项目的建设是不可避免的发展趋势，而农旅复合生产经营建筑的碳排放强度则是可以控制的。从农旅型乡村社区中的"生产 + 居住"复合建筑来看，其空间组织呈现居住与生产经营混合的特点。大多数经营户为了让新增生产经营功能对日常居住功能影响最小，选择在前后院新建经营性空间，由多栋建筑、多进院落共同组成复合型的产居空间。而自发性的建造活动往往缺乏精细化考虑，受限于场地面积、游客需求，使得改扩建和新建建筑朝向、窗墙比、进深未考虑节能要求，在建筑使用过程中产生了不必要的碳排放。

总的来看，不同类型乡村社区空间生产对碳排放的影响主要体现在三个方面：首先是空间生产实践活动中建筑和基础设施建设施工阶段的碳排放增加，同时伴随着生态碳汇的减少；其次是空间生产背景下乡村居民本身经济水平的提升与外来游客的消费活动使得乡村整体能源消费碳排放量增加；最后是空间生产实践中缺乏规划、设计和管理造成的空间布局不合理导致建筑运行使用阶段能源的浪费和建筑碳排放增加。不同类型乡村社区空间生产对碳排放的影响如图 4.18 所示。

其中，空间生产实践过程中缺乏规划和精细化设计造成的建筑运行使用阶段碳排放增加体现在不同空间层级。从社区宏观空间来看，社区整体建设用地规模的不断增加，产业转型带来的居住空间到产居空间的功能变化，用地置换对生态用地的剥夺都使得社区整体碳排放强度增加；从中观邻里空间来看，不合理的公共空间布局会显著增加社区的交通出行碳排放；微观建筑单体层级主要是产居一体建筑缺乏精细化设计导致增加不必要的碳排放。农业型乡村社区不合理的碳排放增长部分主要是农业产居一体建筑新建且未考虑通风、采光，使得建筑使用过程碳排放增加；旅游型乡村社区主要是旅游服务建筑设计中过大的窗墙比、大开间的用餐区域使得建筑夏季降温能耗增加；农旅型乡村社区主要是"生产 + 居住"复合空间不集约，经营性建筑的朝向、过大的窗墙比、过大的进深导致的碳排放增加。同时，未考虑

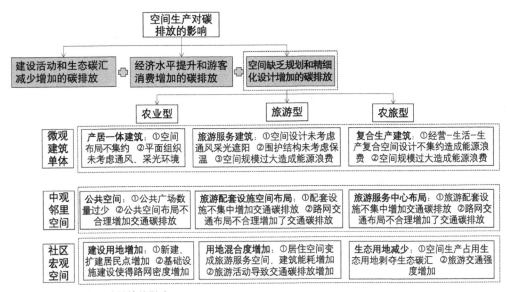

图 4.18　空间生产对碳排放的影响

围护结构保温隔热质量的建筑都会导致建筑运行阶段能耗增加。

　　而不同空间尺度包含了多种空间形态要素，宏观空间尺度包括面积大小形态、紧凑度形态、整体形状指数，中观邻里尺度包括集聚与分散的状态以及组团之间的道路网络形态等，微观层面尺度包括建筑单体的进深开间比、窗墙比、体形系数等形态指标。哪个层级空间形态对社区碳排放影响更明显，具体的碳排放影响要素是什么，则在下一章节中展开研究。

4.5　小结

　　由以上分析可知，在空间生产的背景下，不同类型的城郊融合型乡村社区空间形态和碳排放都发生了变化。乡村社区空间形态的变化体现在农业型乡村社区生产空间规模化与住宅形态多元化，反映在空间形态指标上，即社区建筑密度增加和社区形状指数的变化。旅游型乡村社区在旅游配套服务空间生产中空间形态变化主要表现在公共空间品质提升与经营性住宅建筑空间形态的变化上，反映在空间形态指标上，不仅道路空间形态指数发生变化，建筑单体形态也变化明显。农旅型乡村社区生产、生活多元空间生产过程中，空间形态变化则表现为"农—旅—居"复合空间的出现和社区整体空间品质提升。城郊融合型乡村社区空间生产对乡村社区碳排放的影响主要体现在两方面：①空间生产实践活动中建筑和基础设施建设施工阶段的碳排放；②空间生产实践中缺乏规划、设计和管理造成的空间布局不合理，致使建筑运行使用阶段能源的浪费和建筑碳排放增加。

其中，农业型乡村社区生活、生产空间的现代化转型都不同程度地导致碳排放增加，生活空间碳排放主要来自"产居一体化"住宅建筑和公共空间布局导致的交通碳排放；旅游型乡村社区旅游配套空间建设与空间设计不合理同样导致碳排放增加，其中生活空间碳排放主要来自"旅游服务建筑"以及旅游配套基础设施和路网布局造成的旅游交通碳排放增加；农旅型乡村社区由于本身经济水平较高，经营性住宅在农旅项目开展后为满足消费者需求，具有更高的能源消费碳排放，其中"农旅产业延伸类建筑"的建设不仅增加了建筑建设阶段碳排放，而且大型设施建设用地占用耕地或草地，同时还减少了生态碳汇。

由于本书研究目的是城郊融合型乡村社区空间生产与优化过程的低碳化，所以以下章节将针对 4.3 小节空间生产实践中发生变化的城郊融合型乡村社区的"宏观整体形态—中观邻里组合形态—微观建筑形态"不同空间层级的形态与碳排放关系分别展开研究。

第 5 章　城郊融合型乡村社区空间形态 与碳排放的关系

目前针对社区空间形态与碳排放相关关系的研究以城市地区为主，而研究乡村地区空间形态与碳排放相关关系的研究较少，定量化研究则更少。所以针对现有研究空缺，在乡村绿色低碳建设背景下，本书以湖南城郊融合型乡村社区空间优化的现实需求作为切入点，考虑社区空间优化过程中的碳调控，试图探究当前乡村社区空间形态与碳排放的相关关系。

5.1　空间形态层级与指标要素

根据要素相关性分析基础理论，当存在多个自变量时，研究其中某个变量与因变量关系时应该控制 / 假设其他自变量为定量，研究才有意义。所以在"社区—邻里组团"层级空间形态与社区整体碳排放关系研究中，需假设建筑都是砖混建筑且建筑碳排放强度是一定值，在此情况下，研究不同建筑布局空间形态对社区碳排放的影响。空间形态层级和空间形态指标要素如表 5.1 所示。

空间形态层级和空间形态指标要素　　　　　　　　　表 5.1

尺度	形态	一级指标	二级指标	数据获取方式
社区尺度	量形态	规模指标	X_1 总用地面积（hm^2）	用地数据
			X_2 建设用地面积（hm^2）	用地数据
		用地紧凑度	X_3 建筑密度	计算
	布局形态	形状复杂度	X_4 周长面积分维度指数	Fragstats
		布局形态	X_5 整体景观形状指数	Fragstats
邻里组团尺度	组合形态	居民点聚合度	X_6 聚合度	Fragstats
		居民点连接度	X_7 连接度指数	Fragstats
	连接形态	道路形状指数	X_8 路网形状指数	Fragstats
		连通指数	X_9 道路斑块邻近指数	Fragstats
		公共空间可达性	X_{10} 公共空间平均距离	实地调研

尺度	形态	一级指标	二级指标	数据获取方式
建筑尺度	建筑形态	建筑设计形态	X_{11} 建筑朝向	实地调研
			X_{12} 建筑间距	实地调研
			X_{13} 建筑开间进深比	测绘计算
			X_{14} 窗墙比	测绘计算
			X_{15} 体形系数	测绘计算

5.2 "社区—邻里组团"层级空间形态与社区碳排放相关性分析

5.2.1 空间形态指标与碳排放指标定量方法

经过调研获取了"社区整体—邻里组团"两个层级的空间形态指标，通过景观分析软件 Fragstats 获取不同指标的定量数据。碳排放数据是通过对住户生活和交通能耗的调查计算得来的。具体指标及数据如表 5.2 所示。

案例村空间形态指标数据 表 5.2

	X_1	X_2	X_3	X_4	X_5	X_6	X_7	X_8	X_9	X_{10}
燎原村	811.40	45.81	0.06	1.65	20.61	99.32	2.42	67.00	0.45	308.10
蛟龙社区	748.05	188.36	0.20	1.30	19.04	89.21	65.22	20.71	0.60	398.69
韶山村	16.83	2.70	0.16	1.26	15.42	84.29	100.00	11.49	0.66	314.72
田汉村	1185.95	150.50	0.11	1.12	17.47	80.68	98.59	35.08	0.20	417.41
青亭村	350.00	36.36	0.10	1.25	22.77	89.04	93.49	24.45	0.50	428.51
芦塘村	860.14	193.46	0.22	1.63	20.26	99.16	1.23	61.37	0.40	345.52
麻缨塘村	400.00	19.00	0.05	1.72	18.90	80.95	0.00	28.05	0.53	271.19
竹山村	476.76	18.62	0.04	1.12	16.44	81.21	100.00	18.85	0.46	671.79
坪朗村	1376.88	22.53	0.02	1.12	20.67	78.00	99.47	15.76	0.57	365.49
小渔溪村	2100.00	9.00	0.00	1.72	15.14	80.64	0.00	24.13	0.53	239.13
双桥村	1610.43	46.39	0.02	1.27	25.85	78.45	0.78	47.65	0.48	390.12
秀洲村	551.68	17.00	0.03	1.57	7.13	9.26	20.39	8.98	0.22	467.52

	X_1	X_2	X_3	X_4	X_5	X_6	X_7	X_8	X_9	X_{10}
石托村	244.57	23.42	0.10	1.09	18.75	83.20	99.63	19.13	0.66	380.85
吴山村	1036.55	39.80	0.04	1.09	22.87	84.50	100.00	22.06	0.60	341.71
瓦灶村	324.95	54.82	0.17	1.09	19.45	86.27	98.05	21.25	0.65	248.27
石仙村	1384.53	69.17	0.05	1.09	30.33	85.18	96.94	28.11	0.54	309.60
沙洲村	92.62	10.77	0.12	1.60	7.21	68.17	0.00	12.65	0.60	187.78
红星村	369.29	66.77	0.18	1.08	23.94	87.99	99.77	14.96	0.64	188.51

表格来源：Fragstats 计算

5.2.2　样本社区碳排放测算

根据前文各案例村的碳排放总量数据、人口及用地数据，可以计算各案例村的其他碳排放指标数据，其中各个社区建筑面积使用户数与户均面积估算。户均面积参考《湖南省镇（乡）域村镇布局规划编制导则（2016）》取 197.21m² 。案例村碳排放指标数据如表 5.3 所示。

案例村碳排放指标数据　　　　　　　　　表 5.3

	y_1 户均碳排放强度（kg）	y_2 碳排放总量（kg）	y_3 社区建设用地碳排放强度（kg/m²）	y_4 人均碳排放强度（kg）
燎原村	85.63	66359.81	1448.59	21.58
蛟龙社区	104.15	79676.29	423.00	31.00
韶山村	144.41	195681.10	72474.48	41.79
田汉村	190.25	140022.11	930.38	22.53
青亭村	137.98	115907.30	3187.77	35.12
芦塘村	156.85	163120.67	843.18	38.84
麻缨塘村	57.44	34524.36	1817.45	19.35
竹山村	68.20	20596.05	1148.69	16.40
坪朗村	71.47	27587.77	1224.49	19.96
小渔溪村	51.07	35749.09	1224.70	18.37
双桥村	52.54	35305.00	761.05	14.60
秀洲村	59.80	20751.52	437.89	16.90

续表

	y_1 户均碳排放强度（kg）	y_2 碳排放总量（kg）	y_3 社区建设用地碳强度（kg/m²）	y_4 人均碳排放强度（kg）
石托村	87.93	33148.04	1306.07	37.24
吴山村	92.51	67438.60	1694.44	24.05
瓦灶村	152.35	60025.23	1094.95	43.65
石仙村	142.67	156656.96	2264.81	33.98
沙洲村	87.12	12371.08	1148.66	23.97
红星村	230.60	134899.30	2020.39	52.96

5.2.3 相关性分析

由于数据的可获得性，最终确定了 X_1 总用地面积、X_2 建设用地面积、X_3 建筑密度、X_4 周长面积分维度指数、X_5 整体景观指数、X_6 居民点聚合度、X_7 连接度指数、X_8 路网形状指数、X_9 道路斑块邻近指数、X_{10} 公共空间平均距离共 10 个指标作为自变量，Y_1 户均碳排放强度、Y_2 碳排放总量、Y_3 社区建设用地碳强度、Y_4 人均碳排放强度共 4 个因变量进行多元回归分析。

（1）偏相关分析

以 10 个备选要素作为变量，分别以 Y_1 户均碳排放强度、Y_2 碳排放总量、Y_3 社区建设用地碳强度、Y_4 人均碳排放强度作为因变量，运用 SPSS22 软件进行偏相关分析[①]，从分析结果（表 5.4）可以看出指标中 X_2，X_9 与 Y_1、Y_2、Y_3、Y_4 相关性都较小，可以剔除；故选择剩余的 8 个指标作为驱动因子应用于回归模拟。

相关性分析 表 5.4

无控制变量		LNX_1	LNX_2	LNX_3	LNX_4	LNX_5	LNX_6	LNX_7	LNX_8	LNX_9	LNX_{10}
LNY_1（双）	相关性	−0.27	0.48	0.71	−0.43	0.31	0.35	0.49	0.02	0.05	−0.27
	显著性	0.29	0.05	0.00	0.07	0.21	0.15	0.04	0.95	0.86	0.28
	df	16	16	16	16	16	16	16	16	16	16
LNY_2（双）	相关性	−0.09	0.46	0.58	−0.23	0.40	0.41	0.34	0.19	0.00	−0.16
	显著性	0.73	0.05	0.01	0.36	0.10	0.09	0.16	0.44	1.00	0.53
	df	16	16	16	16	16	16	16	16	16	16

[①] 偏相关分析，把面积指数变量 X_1–X_3 作为控制变量，研究 X_1–X_{10} 分别与 Y_1、Y_2、Y_3、Y_4 的皮尔逊相关系数。

无控制变量		LNX_1	LNX_2	LNX_3	LNX_4	LNX_5	LNX_6	LNX_7	LNX_8	LNX_9	LNX_{10}
LNY_3（双）	相关性	−0.34	−0.24	0.24	−0.07	−0.14	0.07	0.23	−0.24	0.28	−0.08
	显著性	0.17	0.34	0.34	0.80	0.59	0.79	0.37	0.35	0.26	0.75
	df	16	16	16	16	16	16	16	16	16	16
LNY_4（双）	相关性	−0.47	0.25	0.78	−0.37	0.29	0.39	0.46	−0.14	0.50	−0.41
	显著性	0.05	0.31	0.00	0.13	0.25	0.11	0.05	0.59	0.04	0.10
	df	16	16	16	16	16	16	16	16	16	16
LNY_1（单）	相关性	−0.25	−0.03	0.13	−0.33	−0.36	−0.20	0.33	−0.32	−0.41	0.01
	显著性	0.36	0.92	0.64	0.23	0.19	0.47	0.23	0.25	0.13	0.96
	df	13	13	13	13	13	13	13	13	13	13
LNY_2（单）	相关性	0.50	0.53	0.02	0.24	0.55	0.34	−0.23	0.57	−0.26	0.09
	显著性	0.06	0.04	0.93	0.39	0.03	0.22	0.41	0.03	0.35	0.75
	df	13	13	13	13	13	13	13	13	13	13
LNY_3（单）	相关性	−0.49	−0.58	0.00	−0.13	−0.54	−0.26	0.25	−0.53	0.24	−0.01
	显著性	0.07	0.02	1.00	0.64	0.04	0.35	0.38	0.04	0.39	0.98
	df	13	13	13	13	13	13	13	13	13	13
LNY_4（单）	相关性	−0.36	−0.07	0.49	−0.01	0.27	0.26	0.05	−0.11	0.74	−0.32
	显著性	0.19	0.81	0.07	0.97	0.33	0.35	0.87	0.69	0.00	0.25
	df	13	13	13	13	13	13	13	13	13	13

数据来源：SPSS22 软件计算结果

　　为了消除驱动因子间量纲关系，将表 5.4 因变量、解释变量原始时间序列数据取对数，使数据具有可比性，将取对数后数据输入 SPSS22 软件中进行标准化处理，然后对驱动因子进行主成分分析，对相关的各因子分析所得相关矩阵和结果如表 5.5~ 表 5.9 所示。由表 5.6 可知，KMO 检验值为 0.553，说明变量间信息重叠度尚可，可以得出满意的因子分析模型。由表 5.8 可知，通过主成分分析可以提取出对取对数后的原始变量解释能力最强的 3 个综合变量，用 F_1、F_2、F_3 表示，综合变量可解释原变量的 80.57%，且 t 检验的 Sig. 值为 0.000，说明拟合非常好。由成分得分系数矩阵表 5.9 可得综合变量 F_1、F_2、F_3 与原变量之间的关系分别为：

$$F_1 = 0.317LNX_1 + 0.079LNX_3 - 0.027LNX_4 + 0.376LNX_5 + 0.294LNX_6 + 0.179LNX_7 + $$

$$0.206LNX_8+0.075LNX_{10} \tag{5.1}$$

$$F_2=0.259LNX_1-0.204LNX_3+0.27LNX_4+0.08LNX_5+0.087LNX_6-0.35LNX_7+$$

$$0.318LNX_8-0.069LNX_{10} \tag{5.2}$$

$$F_3=0.359LNX_1-0.383LNX_3-0.129LNX_4-0.016LNX_5-0.32LNX_6+0.155LNX_7-$$

$$0.07LNX_8+0.438LNX_{10} \tag{5.3}$$

（2）驱动因子贡献测度

相关矩阵（1）　　　　　　　　　　　　表 5.5

		$ZLNX_1$	$ZLNX_3$	$ZLNX_4$	$ZLNX_5$	$ZLNX_6$	$ZLNX_7$	$ZLNX_8$	ZLN_{10}
相关	$Z（LNX_1）$	1	−0.535	0.002	0.389	0.013	−0.169	0.522	0.211
	$Z（LNX_3）$	−0.535	1	−0.221	0.049	0.226	0.31	−0.008	−0.116
	$Z（LNX_4）$	0.002	−0.221	1	−0.479	−0.243	−0.847	0.215	−0.238
	$Z（LNX_5）$	0.389	0.049	−0.479	1	0.677	0.247	0.564	0.057
	$Z（LNX_6）$	0.013	0.226	−0.243	0.677	1	0.015	0.509	−0.239
	$Z（LNX_7）$	−0.169	0.31	−0.847	0.247	0.015	1	−0.437	0.331
	$Z（LNX_8）$	0.522	−0.008	0.215	0.564	0.509	−0.437	1	0.075
	$Z（LN_{10}）$	0.211	−0.116	−0.238	0.057	−0.239	0.331	0.075	1
Sig.（单侧）	$Z（LNX_1）$		0.011	0.497	0.055	0.48	0.251	0.013	0.201
	$Z（LNX_3）$	0.011		0.189	0.424	0.184	0.105	0.487	0.323
	$Z（LNX_4）$	0.497	0.189		0.022	0.165	0	0.195	0.17
	$Z（LNX_5）$	0.055	0.424	0.022		0.001	0.161	0.007	0.41
	$Z（LNX_6）$	0.48	0.184	0.165	0.001		0.476	0.016	0.17
	$Z（LNX_7）$	0.251	0.105	0	0.161	0.476		0.035	0.09
	$Z（LNX_8）$	0.013	0.487	0.195	0.007	0.016	0.035		0.384
	$Z（LN_{10}）$	0.201	0.323	0.17	0.41	0.17	0.09	0.384	

表格来源：SPSS22软件计算结果

KMO 和 Bartlett 的检验（1）　　　　　　　表 5.6

取样足够度的 Kaiser-Meyer-Olkin 度量		0.465
Bartlett 的球形度检验	近似卡方	76.009
	df	28
	Sig.	0.000

数据来源：SPSS22软件计算结果

公因子方差　　　　　　表 5.7

指标	初始	提取
$Z(LNX_1)$	1.000	0.827
$Z(LNX_3)$	1.000	0.657
$Z(LNX_4)$	1.000	0.891
$Z(LNX_5)$	1.000	0.895
$Z(LNX_6)$	1.000	0.835
$Z(LNX_7)$	1.000	0.941
$Z(LNX_8)$	1.000	0.834
$Z(LN_{10})$	1.000	0.566

提取方法：主成分分析

数据来源：SPSS22 软件计算结果

解释的总方差（1）　　　　　　表 5.8

成分	初始特征值			提取平方和载入		
	合计	方差的（%）	累积（%）	合计	方差的（%）	累积（%）
1	2.462	30.778	30.778	2.462	30.778	30.778
2	2.361	29.507	60.285	2.361	29.507	60.285
3	1.623	20.285	80.57	1.623	20.285	80.57
4	0.81	10.121	90.692			
5	0.405	5.068	95.76			
6	0.165	2.068	97.827			
7	0.11	1.379	99.206			
8	0.063	0.794	100			

提取方法：主成分分析

数据来源：SPSS22 软件计算结果

成分得分系数矩阵（1）　　　　　　表 5.9

	成分		
	1	2	3
$Z(LNX_1)$	0.137	0.259	0.359
$Z(LNX_3)$	0.079	−0.204	−0.383

续表

	成分		
	1	2	3
$Z(LNX_4)$	−0.27	0.27	−0.129
$Z(LNX_5)$	0.376	0.08	−0.016
$Z(LNX_6)$	0.294	0.087	−0.32
$Z(LNX_7)$	0.179	−0.35	0.155
$Z(LNX_8)$	0.206	0.318	−0.07
$Z(LN_{10})$	0.075	−0.069	0.438

提取方法：主成分分析

数据来源：SPSS22 软件计算结果

（3）回归拟合

以 LNY_1 作为被解释变量，F_1、F_2、F_3 作为解释变量，LNX_1–LNX_{10} 作为工具变量，应用 SPSS22 软件进行最小二乘多元回归分析，结果如表 5.10~ 表 5.13 所示，模型的 R^2 为 0.61，F 检验值为 7.294，$P=0.004$，小于 0.01，说明模型拟合比较好，回归方程具有统计学意义。根据表的模型系数可得综合变量 F_1、F_2、F_3 与因变量 LNY_1 的方程式为：

$$LNY_1=0.205F_1-0.205F_2-0.214F_3+4.596 \tag{5.4}$$

模型汇总　　　　　　　　　　　　　　表 5.10

	复相关系数	0.781
方程 1	R 方	0.61
	调整 R 方	0.526
	估计的标准误	0.318

数据来源：SPSS22 软件计算结果

ANOVA（1）　　　　　　　　　　　　表 5.11

		平方和	df	均方	F	Sig.
	回归	2.207	3	0.736	7.294	0.004
方程 1	残差	1.412	14	0.101		
	总计	3.619	17			

数据来源：SPSS22 软件计算结果

模型系数（1）　　　　　　　　　　　　表 5.12

		未标准化系数		Beta	t	Sig.
		B	标准误			
方程 1	（常数）	4.596	0.075		61.396	0
	FAC1_1	0.205	0.077	0.444	2.662	0.019
	FAC2_1	−0.205	0.077	−0.444	−2.659	0.019
	FAC3_1	−0.214	0.077	−0.464	−2.779	0.015

数据来源：SPSS22 软件计算结果

系数相关性　　　　　　　　　　　　表 5.13

			FAC1_1	FAC2_1	FAC3_1
方程 1	相关性	FAC1_1	1	−6.97E−15	−9.65E−16
		FAC2_1	−6.97E−15	1	−7.08E−16
		FAC3_1	−9.65E−16	−7.08E−16	1
	协方差	FAC1_1	0.006	−4.13E−17	−5.72E−18
		FAC2_1	−4.13E−17	0.006	−4.20E−18
		FAC3_1	−5.72E−18	−4.20E−18	0.006

数据来源：SPSS22 软件计算结果

将公式（5.1）（5.2）（5.3）代入公式（5.4）可得

$$LNY_1 = 4.496LNX_1 + 4.736LNX_3 + 4.513LNX_4 + 4.660LNX_5 + 4.707LNX_6 + 4.671LNX_7 +$$
$$4.588LNX_8 + 4.532LNX_{10} \quad\quad\quad (5.5)$$

式中，X_1 为总用地面积、X_3 为建筑密度、X_4 为周长面积分维度指数、X_5 为整体景观形状指数、X_6 为居民点聚合度、X_7 为居民点连接度、X_8 为道路形状指数、X_{10} 为公共空间平均距离；Y_1 为户均碳排放强度、Y_2 为碳排放总量、Y_3 为社区建设用地碳强度、Y_4 为人均碳排放强度。

由公式（5.5）可以看出碳排放的影响因子及系数由大到小分别是：建筑密度（4.736）、聚合度（4.707）、居民点连接度（4.671）、景观形状指数（4.660）、路网形状指数（4.588）、公共空间可达性（4.532）、周长面积分维度指数（4.513）、总用地面积（4.496）。由结果可知，乡村社区整体建筑密度、居民点聚合度、居民点连接度对户均碳排放量影响显著。

同理，分别以 LNY_2、LNY_3、LNY_4 作为被解释变量，F_1、F_2、F_3 作为解释变量，同样可以得到 LNY_2、LNY_3、LNY_4 的回归方程为：

$$LNY_2=10.91LNX_1+11.12LNX_3+10.842LNX_4+11.136LNX_5+11.176LNX_6+11.041LNX_7+$$
$$11.046LNX_8+10.89LNX_{10} \tag{5.6}$$

$$LNY_3=3.162LNX_1+3.416LNX_3+3.223LNX_4+3.315LNX_5+3.375LNX_6+3.328LNX_7+$$
$$3.262LNX_8+3.196LNX_{10} \tag{5.7}$$

$$LNY_4=1.497LNX_1+1.551LNX_3+1.501LNX_4+1.534LNX_5+1.544LNX_6+1.537LNX_7+$$
$$1.518LNX_8+1.506LNX_{10} \tag{5.8}$$

其中建设用地碳排放强度与空间形态指标的回归拟合方程拟合度最好，回归方程具有统计学意义，其反映出的建设用地碳排放强度与空间形态指标的相关性结论可信度最高。空间形态与碳排放指标的回归方程的系数矩阵如表5.14所示。

回归系数矩阵 表5.14

指标	空间形态指标	户均碳排放强度（kg）	碳排放总量(kg)	建设用地碳排放强度（kg/m²）	人均碳排放强度（kg）
量形态	X_1 总用地面积	4.494	10.907	3.162	1.497
	X_3 建筑密度	4.736	11.120	3.416	1.551
形状指数	X_4 周长面积分维度指数	4.513	10.842	3.223	1.501
	X_5 整体景观形状指数	4.660	11.136	3.315	1.534
邻里组合形态	X_6 居民点聚合度	4.707	11.176	3.375	1.544
	X_7 居民点连接度	4.671	11.041	3.328	1.537
	X_8 道路形状指数	4.588	11.046	3.262	1.518
	X_{10} 公共空间平均距离	4.532	10.889	3.196	1.506

可以看出，户均碳排放、建设用地碳排放强度、人均碳排放强度与空间形态指标的相关性较为一致表5.15。X_3 建筑密度，X_5 整体景观形状指数，X_6 居民点聚合度都是显著影响户均碳排放、建设用地碳排放强度、人均碳排放强度的空间形态指标。显著影响碳排放总量的空间形态指标是 X_3 建筑密度、X_5 整体景观形状指数、X_6 居民点聚合度和 X_8 道路形状指数。

总体来看，整体空间形态指标中建筑密度和整体景观形状指数显著影响乡村社区整体碳排放。建筑密度指标是现有建筑物占地面积与社区总面积的比值，所以相同面积建筑密度越大，建筑用能较多，碳排放强度也越大。其次是整体景观形状指数与碳排放强度呈正相关关系，当整体景观形状指数越大，碳排放强度越大。

空间形态指标系数雷达图　　　　　　　　　表 5.15

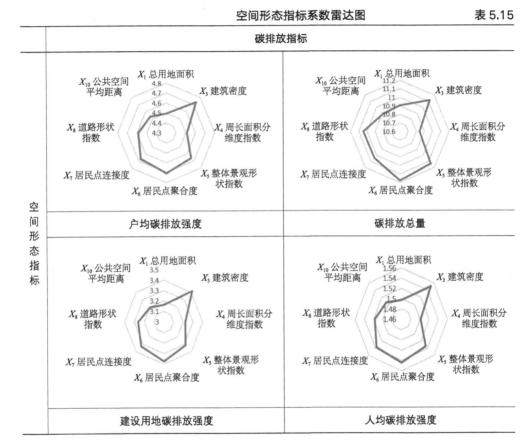

邻里组团空间形态中显著影响乡村社区空间的碳排放强度的空间形态指标是居民点聚合度和居民点连接度，与建筑设计实际对应的是建筑之间的距离，聚合度和连接度大，则建筑之间距离较近。聚合度是对某种景观类型的栅格蔓延度和离散度的度量指标，聚合度大小表示居民点的聚集程度或者离散程度，值越大，则住宅排列组合的聚集程度越高，则单位面积上碳排放量增加；居民点连接度是某种景观类型栅格连通性的度量指标，连通性增大时，意味着住宅建筑之间距离减小，聚集程度高，则单位面积上碳排放量增加。但是聚集程度对于建筑的碳排放强度影响则需要模拟验证。

　　道路形状指数相对其他指标而言是邻里空间形态指标中对碳排放效率影响最小的因子，道路形态指数越大，道路越不规则，道路形状指数每增加 1%，户均碳排放量增加 4.588%，碳排放总量增加 11.05%，说明道路形状复杂性间接地增加了交通出行方式和距离，导致单位建设用地碳排放量增加。通过乡村碳排放数据可知，乡村社区碳排放中住宅碳排放为主要部分，交通碳排放占比平均值达到 20%（图 5.1）。社区空间形态对于交通碳排放的影响将在下一小节中展开研究。

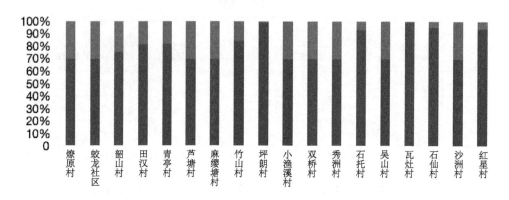

住宅建筑运行阶段碳排放的总量（kg/ 年）　　交通碳排放（kg/ 年）

图 5.1　不同社区住宅建筑碳排放与交通碳排放占比

5.3　"社区—邻里组团"层级空间形态与交通碳排放相关性分析

（1）偏相关分析

　　同样地，首先将 10 个"社区—邻里组团"层级空间形态指标作为解释变量，交通碳排放量作为因变量，运用 SPSS22 软件进行偏相关分析，分析结果如表 5.16 所示。可以发现 X_2、X_4、X_7 与交通碳排放 Y 的相关性较小，故剔除，选择剩余的 7 个指标作为驱动因子进行回归模拟。

"社区—邻里组团"层级空间形态与交通碳排放相关性分析　　表 5.16

		LNX_4	LNX_5	LNX_6	LNX_7	LNX_8	LNX_9	LNX_{10}	LNX_1	LNX_2	LNX_3
LNY 双侧	相关性	−0.053	0.126	0.284	0.115	0.25	−0.24	0.328	−0.204	0.141	0.353
	显著性	0.833	0.617	0.253	0.65	0.317	0.336	0.184	0.418	0.576	0.151
	df	16	16	16	16	16	16	16	16	16	16

续表

		LNX_4	LNX_5	LNX_6	LNX_7	LNX_8	LNX_9	LNX_{10}	LNX_1	LNX_2	LNX_3
LNY 双侧	相关性	0.05	0.142	0.234	0.057	0.342	−0.30	0.369			
	显著性	0.858	0.613	0.401	0.841	0.213	0.265	0.176			
	df	13	13	13	13	13	13	13			

数据来源：SPSS22 软件计算结果

（2）驱动因子贡献测度

将取对数后的剩余的 7 个指标因子进行主成分分析，因子相关矩阵与结果如表 5.17~ 表 5.19 所示。KMO 检验值为 0.516，说明可以得出满意的因子分析模型。通过主成分可以提取出对原始变量解释能力最强的 3 个综合变量，可以解释原变量的 81%，用 F_1、F_2、F_3 表示，且 t 检验的 Sig. 值为 0.000，说明拟合非常好。由成分矩阵表 5.20 可得综合变量 F_1、F_2、F_3 与原变量之间的关系，分别如公式（5.9）~ 公式（5.11）所示。

相关矩阵（2）　　　　　　　　　　　　　　　　　表 5.17

		$ZLNX_1$	$ZLNX_3$	$ZLNX_5$	$ZLNX_6$	$ZLNX_8$	$ZLNX_9$	$ZLNX_{10}$
相关	$Z(LNX_1)$	1	−0.535	0.389	0.013	0.522	−0.326	0.211
	$Z(LNX_3)$	−0.535	1	0.049	0.226	−0.008	0.11	−0.116
	$Z(LNX_5)$	0.389	0.049	1	0.677	0.564	0.342	0.057
	$Z(LNX_6)$	0.013	0.226	0.677	1	0.509	0.578	−0.239
	$Z(LNX_8)$	0.522	−0.008	0.564	0.509	1	−0.147	0.075
	$Z(LNX_9)$	−0.326	0.11	0.342	0.578	−0.147	1	−0.456
	$Z(LNX_{10})$	0.211	−0.116	0.057	−0.239	0.075	−0.456	1
Sig. （单侧）	$Z(LNX_1)$		0.011	0.055	0.48	0.013	0.093	0.201
	$Z(LNX_3)$	0.011		0.424	0.184	0.487	0.332	0.323
	$Z(LNX_5)$	0.055	0.424		0.001	0.007	0.082	0.41
	$Z(LNX_6)$	0.48	0.184	0.001		0.016	0.006	0.17
	$Z(LNX_8)$	0.013	0.487	0.007	0.016		0.28	0.384
	$Z(LNX_9)$	0.093	0.332	0.082	0.006	0.28		0.029
	$Z(LNX_{10})$	0.201	0.323	0.41	0.17	0.384	0.029	

数据来源：SPSS22 软件计算结果

$F_1 = 0.133LNX_1 + 0.038LNX_3 + 0.359LNX_5 + 0.363LNX_6 + 0.289LNX_8 + 0.195LNX_9 - 0.075LNX_{10}$ （5.9）

$F_2 = 0.39LNX_1 - 0.266LNX_3 + 0.07LNX_5 - 0.129LNX_6 + 0.217LNX_8 - 0.32LNX_9 + 0.273LNX_{10}$ （5.10）

$F_3 = -0.246LNX_1 + 0.696LNX_3 + 0.07LNX_5 + 0.053LNX_6 + 0.222LNX_8 - 0.35LNX_9 + 0.451LNX_{10}$ （5.11）

KMO 和 Bartlett 的检验（2）　　　　表 5.18

指标		结果
Kaiser–Meyer–Olkin 测量		0.516
Bartlett 的球形检验	近似卡方	50.108
	df	21
	显著性	0

数据来源：SPSS22 软件计算结果

解释的总方差（2）　　　　表 5.19

成分	初始特征值			提取平方和载入		
	合计	方差的（%）	累积（%）	合计	方差的（%）	累积（%）
1	2.462	35.169	35.169	2.462	35.169	35.169
2	2.137	30.522	65.691	2.137	30.522	65.691
3	1.078	15.396	81.086	1.078	15.396	81.086
4	0.71	10.144	91.231			
5	0.33	4.709	95.939			
6	0.15	2.137	98.077			
7	0.135	1.923	100			

提取方法：主成分分析

数据来源：SPSS22 软件计算结果

成分得分系数矩阵（2）　　　　表 5.20

	成分		
	1	2	3
$Z(LNX_1)$	0.133	0.39	−0.246
$Z(LNX_3)$	0.038	−0.266	0.696

续表

	成分		
	1	2	3
$Z(LNX_5)$	0.359	0.07	0.07
$Z(LNX_6)$	0.363	−0.129	0.053
$Z(LNX_8)$	0.289	0.217	0.222
$Z(LNX_9)$	0.195	−0.32	−0.35
$Z(LNX_{10})$	−0.075	0.273	0.451

提取方法：主成分分析

数据来源：SPSS22 软件计算结果

（3）回归拟合

同理，以 LNY 作为解释变量，F_1、F_2、F_3 作为解释变量，$LNX_1 \sim LNX_{10}$ 作为工具变量，应用 SPSS22 软件进行最小二乘多元回归分析，结果如表 5.21、表 5.22 所示。根据表中的模型系数可得综合变量 F_1、F_2、F_3 与因变量 LNY 的方程式为：

$$LNY=0.143F_1 - 0.02F_2 - 0.643F_3 + 6.157 \tag{5.12}$$

ANOVA（2）　　　　　　表 5.21

		平方和	df	均方	F	Sig.
方程 1	回归	7.382	3	2.461	2.951	0.069
	残差	11.676	14	0.834		
	总计	19.059	17			

数据来源：SPSS22 软件计算结果

模型系数（2）　　　　　　表 5.22

		未标准化系数		Beta	t	Sig.
		B	标准误			
方程 1	（常数）	6.157	0.215		28.604	0
	FAC1_1	0.143	0.221	0.135	0.647	0.528
	FAC2_1	0.02	0.221	0.019	0.093	0.928
	FAC3_1	0.643	0.221	0.607	2.902	0.012

数据来源：SPSS22 软件计算结果

将公式（5.9）（5.10）（5.11）代入公式（5.12）可得

$$LNY=6.026LNX_1+6.605LNX_3+6.255LNX_5+6.24LNX_6+6.345LNX_8+5.953X_9+6.442X_{10}$$

$$(5.13)$$

由公式（5.13）可以看出交通碳排放的影响因子由大到小是X_3建筑密度、X_{10}公共空间平均距离、X_8道路形状指数、X_5整体景观形状指数、X_6居民点聚合度、X_9道路连通性。乡村社区交通碳排放的影响因子雷达图如图5.2所示。可以看出建筑密度、公共空间可达、道路形状指数是最显著的三个影响交通碳排放的空间形态指标。

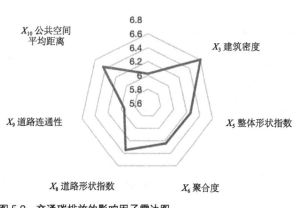

图5.2　交通碳排放的影响因子雷达图

5.4　"社区—邻里组团"层级空间形态对建筑碳排放影响研究

以上章节已经通过定量化的研究方法得到了不同空间层级形态要素与碳排放总量、单位建设用地面积碳排放的作用关系和大小。但是为验证研究结果的有效性，本书希望通过建筑能耗模拟软件对社区尺度不同密度、不同形状指数和邻里组团尺度不同聚合度的建筑组合方式进行碳排放模拟，进一步验证不同空间形态下住宅建筑的碳排放强度。湖南地形多样，包括了平原、丘陵、山地等多种地形条件，但城郊融合型乡村社区大多靠近城市，居民点选址地形相对平坦，所以本书仅关注了平原地形下的乡村社区空间形态与碳排放的关系研究。

经验证发现，在相同建筑间距下行列式布局中不同规模大小的组团单位建筑面积碳排放强度，结果差异较小（表5.23）。所以我们可以认为规模（户数）较小的邻里组团形态对单位建筑碳排放的作用规律也适用于规模更大的组团。以下模拟将使用简化的理想模型，邻里组团设置9户的规模，社区将设置45户的规模。

不同户数碳排放模拟结果　　　　　　　　表 5.23

户数（个）	8	12	16	20	24
布局	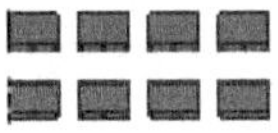	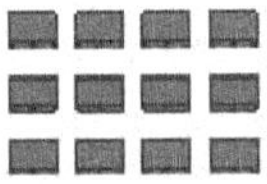			
单位建筑面积碳排放强度（kg/m²）	7.8682	7.8707	7.8720	7.8732	7.8732

5.4.1　社区尺度

首先，为了对比社区尺度三种典型空间布局形态的碳排放强度，限制社区整体面积相同，密度相同，仅改变布局形式模拟不同形态单位建筑面积碳排放设计理想模型（表 5.24）；其次，为对比不同密度对社区碳排放强度的影响，选择行列式布局方式，仅改变建筑密度大小对比不同密度对碳排放强度的作用；最后，为研究不同形状指数（聚合度），控制社区整体面积一定，密度一定，仅改变聚合度验证不同聚合度对单位建筑面积碳排放强度的作用。

模拟结果如表 5.25、表 5.26 所示，可以发现四种社区形态中，分散式和线性式布局的单位建筑面积碳排放强度相对较低。查看数据发现，线性式和分散式布局的全年冷负荷更小。可能是线性式和分散式布局中建筑的通风条件更好，导致夏季冷负荷降低，所以单位建筑面积碳排放强度较低。

社区层级典型空间形态　　　　　　　　表 5.24

组团式	线性式	向心式	分散式
			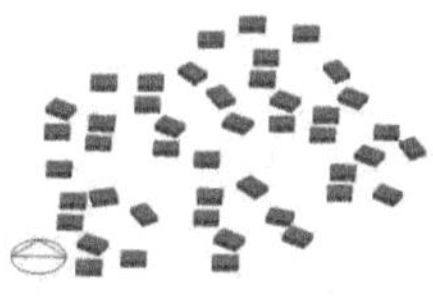

社区不同空间布局形态模拟结果　　　　表 5.25

布局形式	组团式	线性式	向心式	分散式
总体碳排放（kg）	47167.8801	42805.5293	48726.3712	40408.2073
单位建筑面积碳排放（kg/m²）	8.8557	8.0366	9.1487	7.5865

行列式布局中不同密度模拟结果　　　　表 5.26

行列	4×2	3×3	4×3	3×5	4×4	4×5	5×5	5×6
建筑密度	8.28%	9.31%	12.41%	15.52%	16.55%	20.69%	25.86%	31.04%
单位建筑面积碳排放强度（kg/m²）	7.87	7.83	7.87	7.83	7.87	7.87	7.81	7.81
单位建设用地碳排放强度（kg/m²）	67804.7	67504.8	67830.9	67524.01	67843.79	67851.49	67282.29	67287.51
碳排放总量（kg）	3715.33	4161.26	5575.14	6937.40	7434.94	9294.73	11520.94	13826.20

表格来源：模拟结果

　　模拟结果如图 5.3 所示，可以发现建筑密度与社区整体碳排放量呈正相关，但是对建筑碳排放的影响则较小，即使在不同密度下建筑碳排放强度也可能是一样的，所以建筑的碳排放更多地受到周边建筑布局形态的影响。

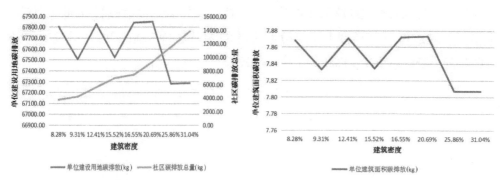

图 5.3　不同建筑密度对碳排放的影响

　　形状指数是对类型聚合度的简单描述，值越大，越不规整，等于 1 时，越接近正方形，随着斑块类型离散，逐渐变大。所以简单模型的形状指数可以用面积与最长轴长度的比值来表示。以组团式布局为例，不同布局形式的形状指数及其对建筑的碳排放影响如表 5.27 所示。

不同形状指数模拟结果　　　　　　　　　　表 5.27

组团式布局				
形状指数	20.53	26.28	29.33	33.18
单位建筑面积碳排放（kg/m²）	7.61	8.85	10.04	13.62
碳排放总量（kg）	40509.78	47153.45	53447.61	72562.42

　　可以发现，建筑碳排放强度与形状指数呈正相关，单位建筑面积碳排放随着形状指数的增加而增加。通过查看模拟结果数据发现，当形状指数增加时，建筑的冷负荷增加。这可能是因为形状指数增大时，建筑变得离散，夏季建筑之间的遮挡减少，使得夏季能耗变高，而建筑之间距离对建筑碳排放的具体影响规律将在下一小节展开研究，此处不作过多探讨。

5.4.2　邻里组团尺度

　　由前文可知，邻里组团形态分为 T 字型、一字型、行列式、错列式、斜列式、自由式 6 小类（表 5.28）。

湖南城郊融合型乡村社区住宅邻里组团模型　　　　　　表 5.28

T 字型	一字型	行列式	错列式	斜列式	自由式
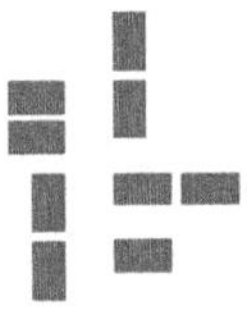		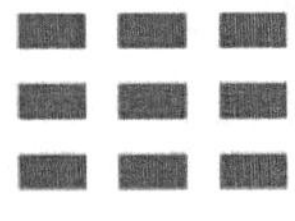	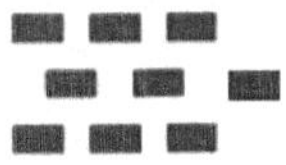		

　　（1）控制布局形式

　　确定建筑朝向为南向，主要朝向间距均为 8m，次要朝向间距为 4m，不同建筑布局形式的能耗模拟结果如图 5.4 所示。

　　可以发现，相同建筑间距，自由式和斜列式布局单位建筑面积碳排放更少。通过查看模拟结果可以发现，自由式和斜列式布局冷负荷更低，可能是由于这两布局

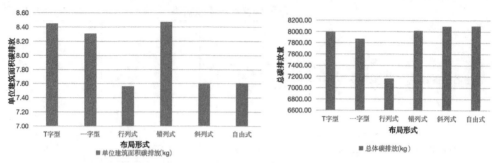

图 5.4 不同邻里组团形态的建筑碳排放

形式中增加了东南向和西南向的朝向，而朝向也会影响建筑的能耗。关于朝向对建筑能耗的影响，本书也将在后文展开研究。

（2）控制聚合度

选择 T 字型、行列式、错列式、斜列式、自由式等五种聚集程度较高的布局形式，通过调整建筑间距改变聚合度的大小（表 5.29），能耗模拟结果如图 5.5 所示。

可以发现，斜列式和自由式布局在间距为 8m/4m 时，单位建筑面积碳排放最少，而当建筑间距变小或变大时，建筑能耗强度都会随之增加。查看模拟结果发现，当建筑间距为 4m/2m 时，建筑冷负荷增加，可能是建筑间距过小会影响建筑的通风环境使得建筑夏季冷负荷增加。而当建筑间距达到 12m/6m 以上时，不同的建筑布局形式对建筑的影响不大。所以，聚合度越高，建筑组团的布局形式对建筑的能耗影响越明显。其次，自由式和斜列式布局情况下，8m/4m 是较为适宜的间距。

表 5.29

不同聚合度模型

T 字型	行列式	错列式	斜列式	自由式

总体来看，乡村社区形态中整体建筑密度不会影响建筑碳排放强度，而社区整体的布局形态、形状指数会影响建筑碳排放强度。其中，朝向更加多样、布局分散的自由式、线性式乡村社区的建筑碳排放强度更低。邻里组团布局形态中，同样是朝向更加多样的斜列式、自由式布局建筑碳排放强度更低。其次邻里组团布局中，

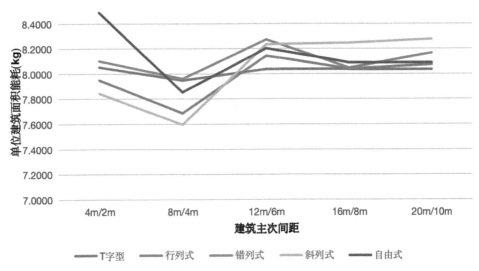

图 5.5　不同聚合度对建筑碳排放的影响

建筑之间的间距会影响建筑的碳排放强度。不同布局形态中，建筑间距 4m/2m 时建筑碳排放强度都较高，8m/4m 是较为适宜的建筑间距。

5.5　"微观"建筑单体空间形态对建筑碳排放影响研究

随着国家层面对于"绿色农房"的关注，乡村住宅建筑能耗与节能技术的研究逐渐增多。已有研究中不乏对北方严寒地区住宅建筑能耗的研究、西北黄土高原传统建筑气候适应性的验证以及对西南地区农村住宅节能技术的研究。研究普遍认为建筑能耗与建筑空间布局和围护结构形式相关。

需要说明的是，由于建筑碳排放是根据建筑能耗模拟结果（单位：kW·h）乘以电能碳排放因子计算得来，本节只探讨建筑形态与碳排放的作用规律，同时考虑我国当前《建筑节能与可再生能源利用通用规范》GB 55015—2021、《建筑环境通用规范》GB 55016—2021 等使用的是建筑能耗指标，为了参照对比模拟结果，本节内容暂不对能耗结果进行碳排放转换计算。

5.5.1　典型建筑单体空间形态变化

根据调研获得不同类型城郊融合型乡村社区中典型的高碳排放建筑类型，主要是农业型"产居一体建筑"旅游型"旅游服务建筑"和农旅型"复合生产建筑"

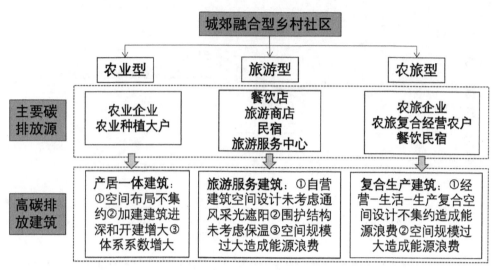

图 5.6　不同类型城郊融合型乡村社区的典型建筑类型

（图 5.6）。故分别以三种典型高碳排建筑为对象，模拟其空间形态变化对建筑能耗的影响。其中不同类型建筑的空间形态现状指标数据通过实际调研和测绘获取，使用建筑能耗模拟软件计算。

（1）农业型"产居一体建筑"

调研发现农业型乡村住宅的空间形态变化主要体现在普通住宅建筑到"产居一体"建筑的转变。建筑材料仍然以砖混建筑为主，围护结构材料无变化。农户保留了上午和傍晚进行农业生产、中午居家的生活习惯。仅部分农户家中卧室安装有空调，空调使用开启时间约每日 4 小时。

建筑空间形态的变化主要体现在加建附属建筑（表 5.30）。按照主体建筑与附属建筑的空间关系可将农业型乡村社区"产居一体建筑"分为三种类型进行分析：①主体建筑与附属加工建筑"左右型"的类型；②主体建筑与附属建筑"围合型"的类型；③主体建筑与附属建筑"前后型"的类型。

农业型乡村社区住宅建筑空间形态变化　　　　　　　　　　　　　　表 5.30

	传统农业型住宅	右侧加建开敞（左右型）	右侧加建封闭庭院（围合型）	加建庭院（前后型）
建筑现状				

续表

	传统农业型住宅	右侧加建开敞（左右型）	右侧加建封闭庭院（围合型）	加建庭院（前后型）
平面图	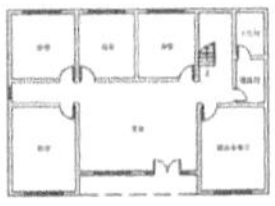			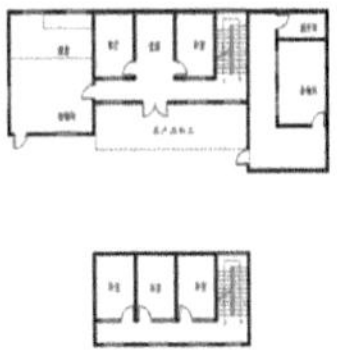
功能布局		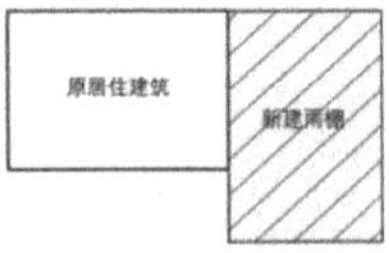	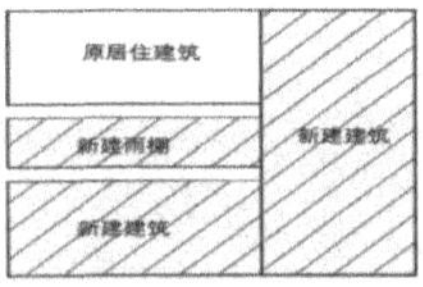	
功能体块	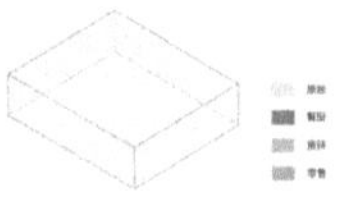	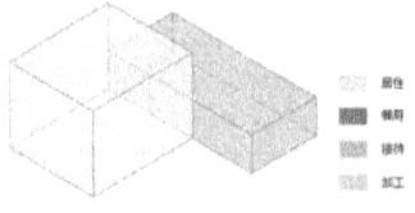	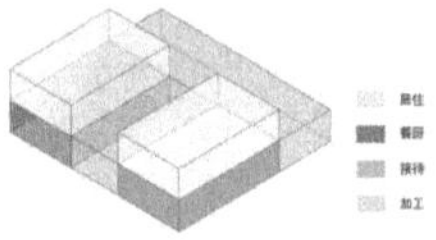	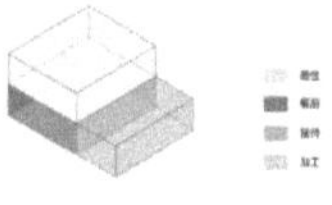

空间形态系数	朝向		南	南	南
	进深		10.2m	10.2m	5.7m
	开间		3.8m	3.8m	3.8m
	住宅建筑面积		498.2m²	588.8m²	233.16m²
	窗墙比		0.303	0.298	0.730
	体形系数		0.646	0.712	0.684
	空间形态变化		新建建筑面积和层数显著增加，进深增大；部分建筑追求居住品质，窗墙比增大；体形系数普遍增大		

（2）旅游型"旅游服务建筑"

旅游服务建筑多是在原有主体建筑基础上加建附属空间和进行功能更新而成。建筑围护结构及材料变化不大，部分建筑增加了遮阳；与农业型产居一体建筑不同的是，旅游服务建筑的用能结构和用能习惯多顺应游客需求，制冷与供暖设备的使用时间增加，空调日开启时间达到 6 小时。旅游型乡村社区建筑空间变化主要是普通住宅建筑到"旅游服务住宅"建筑的转变，典型旅游经营类住宅空间模式如表 5.31 所示，主要分为三种类型：①"前售后居"的"前后型"商业零售类；②"上下型"的餐饮类；③"混合型"的民宿类。

旅游型乡村社区住宅建筑空间形态变化 表 5.31

	传统农业型住宅	商业零售类（前后型）	餐饮类（上下型）	民宿类（混合型）
建筑现状				
平面图	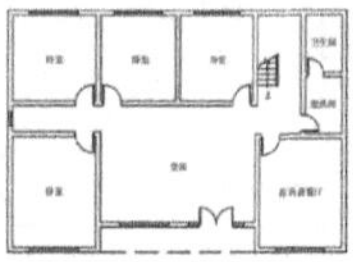	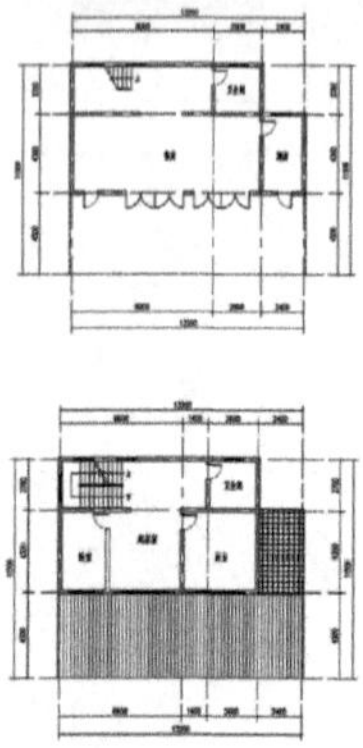	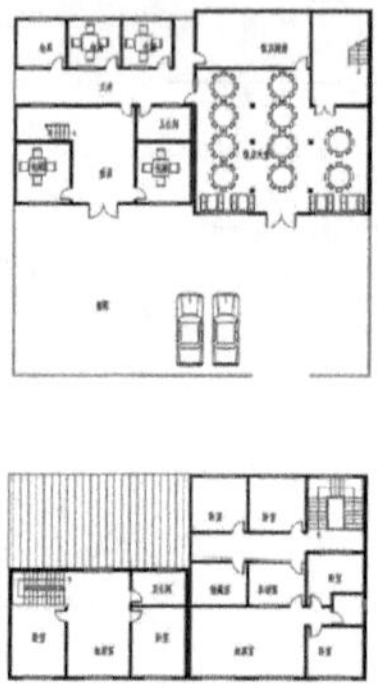	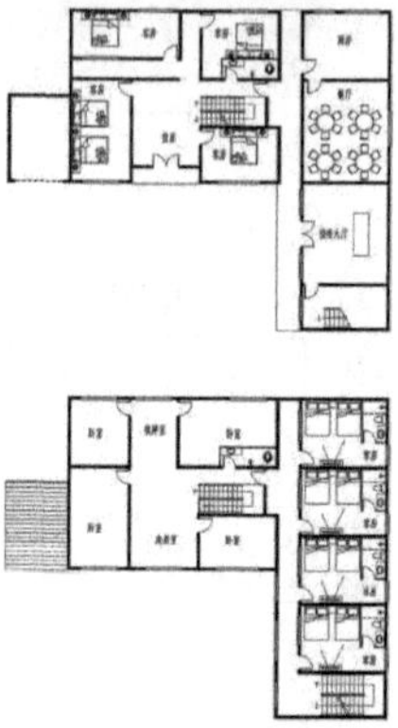
功能布局	 原居住建筑	 原居住建筑 新建建筑	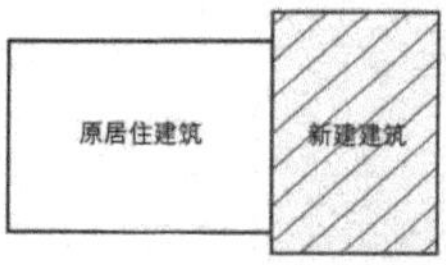 原居住建筑 新建建筑	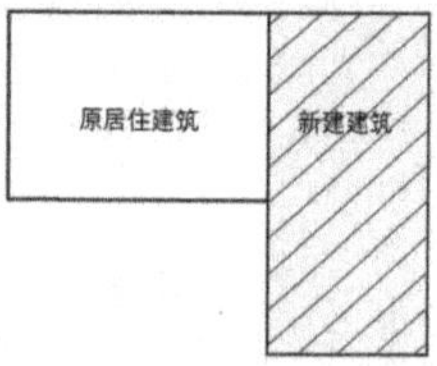 原居住建筑 新建建筑
功能体块	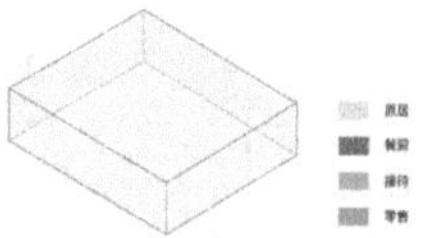	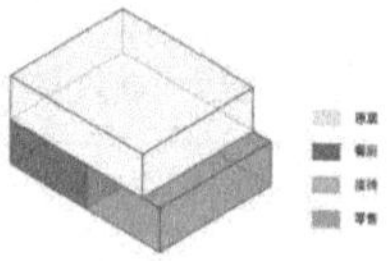	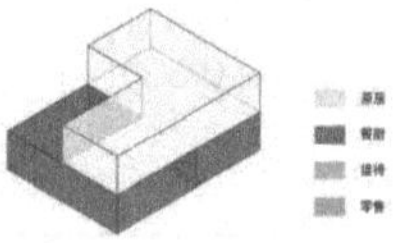	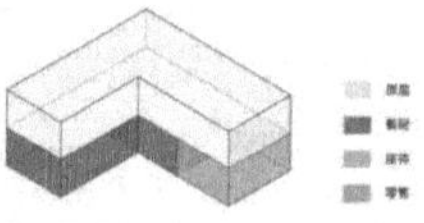
空间形态系数	进深	11.5m	12.4m	10m
	住宅建筑面积	237.1m²	464.6m²	496m²
	窗墙比	1.506	0.35	0.162
	体形系数	0.47	0.358→0.226	0.37→0.315
空间形态变化		建筑面积和层数显著增加，进深增大；原有住宅改造的旅游服务建筑，窗墙比和体形系数由于建筑风貌特色的保持，变化不大；村民新建旅游服务建筑，窗墙比和体形系数都不同程度地变大		

（3）农旅型"复合生产建筑"

农旅型乡村社区住宅变化主要是由单一的居住功能，转变为功能更加复杂多元的居住＋农业生产＋旅游服务的"复合生产建筑"。农旅型乡村社区居民用能接近旅游型乡村，以游客需求为主。按照空间关系可以分为三种类型：①"左右加建型"；②"围合型"；③"前后加建型"（表5.32）。

农旅型乡村社区住宅建筑空间形态变化　　　　　表 5.32

	传统农业型住宅	右侧加建民宿 （左右加建型）	加建封闭庭院 （围合型）	加建前庭院 （前后加建型）
建筑现状				
平面图				
功能布局	原居住建筑	原居住建筑　新建建筑	新建建筑　原居住建筑　新建建筑　院落	原居住建筑　新建建筑　院落
功能体块				
空间形态系数	进深	11.3m	5.4m	10m
	开间	4.4m	4.4m	4.4m
	住宅建筑面积	574.6m²	994.56m²	257.5m²
	窗墙比	0.160	0.198	0.254
	体形系数	1.518	0.5→0.363	0.518
空间形态变化		建筑面积和层数显著增加，进深增大；新建建筑形态多样，窗墙比和体形系数都不同程度地增加		

农旅型复合生产建筑的空间形态更加多样化，新建建筑的体形系数明显增加。虽然农旅型乡村社区很多住户的建筑结构变成了框架结构，但是农旅经营户的建筑主要是在原有建筑基础上改建，所以建筑围护结构也没有变化。以下对经营性"复合生产建筑"的模拟中，仅关注在新的用能习惯环境下，复合生产建筑的最佳开间、进深、窗墙比、体形系数等空间形态指标值。

以上分析可知，当前湖南城郊融合型乡村社区住宅建筑层数、面积增长趋势明显，经营性建筑都存在进深增加、窗墙比变大、体形系数变大的现象。过大的建筑空间进深会影响建筑的遮阳与自然采光，从而增加建筑的人工照明能耗；过大的窗墙比则会增加夏季太阳辐射和围护结构热损失，导致夏季室内空调能耗增加；同时，过大的体形系数会增加围护结构的热损失，增加供暖和降温能耗（图5.7）。所以城郊融合型乡村社区住宅建筑空间形态的变化会导致建筑使用阶段能耗不同程度地增加。

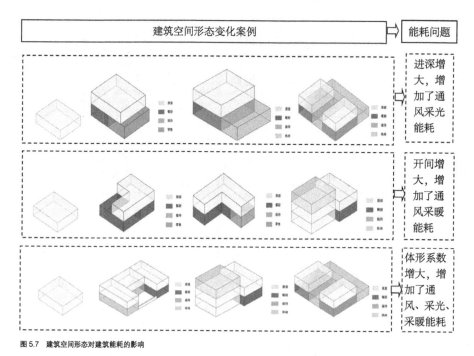

图5.7 建筑空间形态对建筑能耗的影响

为验证不同类型建筑朝向、间距、进深开间比、窗墙比、体形系数对于建筑碳排放的影响作用大小，以下将通过建筑模拟软件DesignBuilder计算不同类型典型建筑单体空间形态指标变化状态下的建筑碳排放变化，旨在找到不同类型乡村社区典型建筑的最佳空间布局模式以及合理的空间形态指标值。

5.5.2　建筑原型能耗模拟

5.5.2.1　湖南地区住宅建筑原型的确定

朝向：根据湖南地区绿色建筑设计标准，设计住宅朝向应该以朝南为宜，所以模拟原型的朝向选择南向位置。

建筑面积：调研过程中发现大多数农业型乡村居住人口以老人和儿童为主，农村住宅的人均面积 45~48m²，所以纯居住住宅套型标准为 4 人以下小户型不超过 200m²，4 人以上大户型不超过 300m²，大户型住宅内部功能空间考虑分成两代居、三代居的可能性。

房间开间与进深：湖南地区居住住宅一般为三开间，开间尺寸为 3.8~4.5m；进深一般为 10m，典型住宅平面如图 5.8 所示。

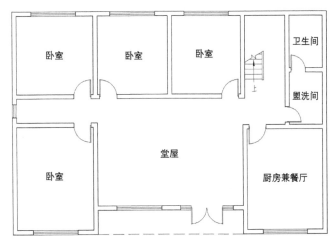

图 5.8　湖南地区典型农村住宅平面

窗墙比：根据湖南地区绿色建筑设计标准，以下原型按照实际测绘数据确定 30% 的窗墙比。

5.5.2.2　模型参数设置

为了后续对比不同建筑进深、窗墙比、体形系数的建筑能耗变化，以下模拟模型采用简化模型，仅对南向的卧室、堂屋和厨房（餐厅）三类房间进行模拟。概念模型如图 5.9 所示。

（1）内扰参数设定

根据调研对住宅建筑室内温度进行测量，其室内温度设定为 15℃。根据实地调研对典型住宅建筑的人数、面积、家用电器的统计以及人员行为习惯的调查统计，对主要房间进行内扰密度设定。

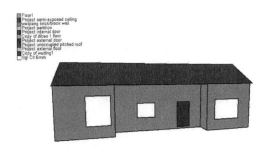

图 5.9　农业型住宅模型

（2）围护结构参数

湖南住宅现状原型的墙体、屋面及楼板的构造做法大致相同（表5.33）。

表5.33

典型建筑构造参数设定

名称	构造	导热（W/m·K）	厚度(mm)	密度（kg/m³）	比热容（KJ/kg·K）
外墙	烧结黏土实心砖	0.43	370	1800	0.88
	石灰砂浆	0.81	20	1600	1.05
	瓷砖石	1.91	20	2500	0.84
内墙	石灰砂浆	0.81	20	1600	1.05
	烧结黏土实心砖	0.43	240	1800	0.88
	石灰砂浆	0.81	20	1600	1.05
屋顶	青瓦	0.79	10	1760	1.24
	钢筋混凝土板	1.628	100	2500	1.05
	水泥砂浆	0.93	20	1800	1.05
楼地面	钢筋混凝土板	1.628	80	2500	1.05
	水泥砂浆	0.393	20	1800	1.05
	黏土	1.407	100	2000	0.84
外窗	铝合金单波窗	1.74	60	2500	0.73
外门	不锈钢门	15	50	7.85	0.50

数据来源：课题组调研资料

根据软件模拟后可知，湖南典型住宅建筑整体全年能耗总计1740.06kW·h，单位建筑面积能耗19.57kW·h/m²，其中，照明能耗占比最多。

5.5.3 不同建筑空间形态能耗模拟

为了对比不同空间形态指标下建筑的碳排放，通过建筑模拟软件对简化的建筑模型进行能耗模拟。其中，建筑布局形态空间形态变量主要包括朝向、间距；住宅单体建筑空间形态变量主要包括开间、进深、窗墙比、体形系数、南向遮阳。

5.5.3.1 建筑朝向与间距

通过调研发现，城郊融合型乡村地形主要包括平地地形和岗地地形两种，由于篇幅所限，本书仅对平地地形下的情况进行模拟。住宅建筑的布局形态主要受地形影响，平地地形建筑的布局形态主要包括行列式、错列式、斜列式、自由式等；而岗地整体高度较低、坡度较缓，建筑往往沿着山脚靠山灵活布置，朝向不一。

1）设计条件

（1）概念模型

控制单个建筑形态及建筑模拟参数的变化，通过建筑能耗模拟软件中建立不同布局方式的建筑群。建模时，建筑单体简化为 1 层的双坡体块，其平面尺寸按照典型住宅平面图中单个住宅建筑的尺寸 14.6m×10m 来确定。能耗模拟主要考查不同建筑朝向、建筑间距对建筑用能的影响程度。

建筑之间的间距结合村镇规划规范，选择主次朝向间距分别是 8~4m、12~6m、16~8m、20~10m 的四种情况进行分析。建筑朝向，则综合调研过程中现有农村住宅的实际朝向，选择西南偏南向、正南向、东南偏南向、东南向四种朝向进行分析。参考典型的岗地村落选址形式，建立简化模型（图 5.10）。

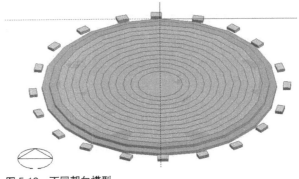

图 5.10　不同朝向模型

（2）模拟条件

能耗模拟室内设计条件参考《湖南省居住建筑节能设计标准》DBJ 43/001—2017，《夏热冬冷地区居住建筑节能设计标准》JGJ 134—2010 的有关要求，同时参考地方实践进行设置。参数主要包括建筑窗墙比、在室人数、人员密度、室内得热、照明密度、自然通风（表 5.34）。

参数设置　　　　　　　　　　　　　　表 5.34

设计变量	取值范围
窗墙比（%）	0.2~0.35~0.45
人员密度	卧室 0.16；堂屋 0.19；餐厅 0.27
室内得热（W/m²）	卧室 12.9；堂屋 9.3；餐厅 9.3
照明密度（W/m²）	≤ 6
自然通风风速（m/s）	冬季≤ 0.2；夏季≤ 0.25

2）模拟结果

为了对比平地地形下不同朝向、间距的能耗，得出 64 个试验方案计划，根

据设计的试验方案能耗模拟结果如图 5.11 所示。相同布局形式下，不同朝向对
住宅建筑能耗的影响较小，南向建筑的能耗相对较小；建筑能耗很大程度上与建
筑间距相关，所有建筑布局形式中，均是在建筑主次间距 8m/4m 情况下，建筑
能耗最小。

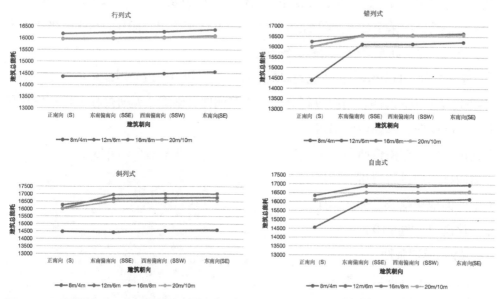

图 5.11 不同建筑布局形式下建筑朝向对建筑能耗的影响

从相同建筑朝向、不同布局方式模拟的结果来看，建筑布局方式对建筑能耗
的影响程度与建筑间距相关，建筑间距越小，建筑布局形式对建筑能耗的影响
越大。只有在主次间距为 8m/4m 的情况下，不同布局对建筑能耗的影响有明显
差别，建筑主次间距达到 12m/6m 以上时，不同布局形式的建筑能耗相差不大；
建筑主次间距为 8m/4m 时，不同布局形式中，行列式与斜列式布局建筑能耗最
小（图 5.12）。

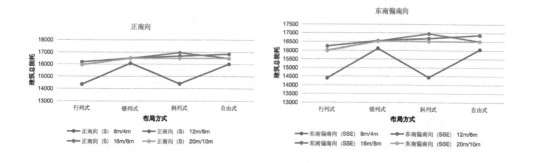

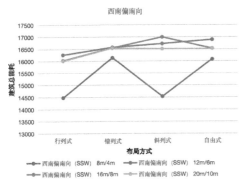

图 5.12　不同朝向的建筑布局对建筑能耗的影响

不同朝向的建筑能耗模拟结果如图 5.13 所示，可以发现岗地地形下，仍然是南向、东南向能耗较低，北向和东北向能耗较高。

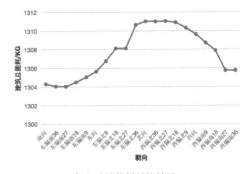

图 5.13　不同朝向建筑能耗模拟结果

5.5.3.2　农业型"产居一体建筑"能耗模拟

（1）控制开间与进深

笔者通过单一变量法的模拟原则控制房间总面积不变，不同开间与进深的能耗模拟结果如图 5.14 所示；可以发现，当前典型的农业住宅建筑开间增大会增加建筑使用阶段的能源使用量，进深增大则建筑能源使用量降低。

通过以上分析可知，建筑进深增加会减少建筑使用阶段能源使用量，减小碳排放强度。通过查看模拟数据，建筑进深增加后，建筑的照明能耗增加，但是冷热负

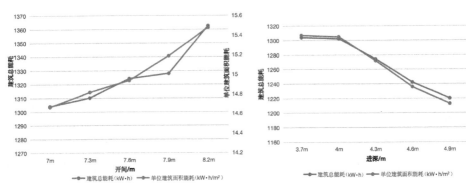

图 5.14　不同开间与进深的建筑能耗变化

121

荷能耗均减少，整体能耗减少，这是因为进深增加后建筑的夏季冷负荷减少明显。所以结合湖南地区乡村居民生产、生活行为、居住方式，应尽量使主要活动区域如卧室、客厅布置在南向；新建建筑应该严格控制建筑南向房间开间与进深的长宽比，尽量选择与传统住宅建筑接近的开间进深比。

（2）控制窗墙比

同理，为了验证最佳窗墙比的值，设置不同的窗墙比值，通过软件模拟计算其能耗。其中每次以5%进行改变。不同窗墙比能耗模拟结果如表5.35所示。

不同窗墙比能耗模拟结果 表5.35

房间名称	原模型	控制窗墙比	控制窗墙比	控制窗墙比
堂屋	开间：7.0m	开间：7.0m	开间：7.0m	开间：7.0m
	进深：3.7m	进深：3.7m	进深：3.7m	进深：3.7m
	窗墙比：0.30	窗墙比：0.35	窗墙比：0.40	窗墙比：0.45
餐厅厨房	开间：3.8m	开间：3.8m	开间：3.8m	开间：3.8m
	进深：4.8m	进深：4.8m	进深：4.8m	进深：4.8m
	窗墙比：0.3	窗墙比：0.35	窗墙比：0.40	窗墙比：0.45
卧室	开间：3.8m	开间：3.8m	开间：3.8m	开间：3.8m
	进深：4.8m	进深：4.8m	进深：4.8m	进深：4.8m
	窗墙比：0.3	窗墙比：0.35	窗墙比：0.40	窗墙比：0.45
建筑整体	照明：618.42	照明：618.23	照明：618.08	照明：617.87
	冷负荷：192.4	冷负荷：205.16	冷负荷：217.68	冷负荷：230.10
	热负荷：493.25	热负荷：482.46	热负荷：474.79	热负荷：467.30
	1304.07kW·h	1305.86kW·h	1310.55kW·h	1315.28kW·h
单位面积能耗	14.67kW·h/m²	14.69kW·h/m²	14.74kW·h/m²	14.79kW·h/m²

同时，为了找到最佳南向窗墙比，对窗墙比25%~55%的能耗分别模拟发现，窗墙比在40%时能耗较低。同时参考《夏热冬冷地区居住建筑节能设计标准》，窗墙比应控制在40%~45%。

（3）控制体形系数

同理，为了验证最佳体形系数的值，设置不同的体形系数值，通过软件模拟计算其能耗，其中每次以0.01进行改变。可以发现随着体形系数增大，建筑能耗逐渐增大。

通过不同空间形态要素对于单位建筑面积碳排放影响的模拟研究发现：农业型建筑的开间尺寸、窗墙比、体形系数与建筑能耗强度呈正相关关系，进深尺寸与建筑能耗呈负相关关系。主要是因为湖南地区建筑夏季制冷能耗占比较大，开间、窗墙比和体形系数增大多会显著增加夏季制冷能耗。而进深增大时，开间会减小，所以能耗反而降低。同时通过不同空间形态要素对于单位建筑面积碳排放影响的斜率对比可以发现，产居一体化建筑的开间、进深尺度和体形系数对于建筑碳排放强度的影响会比遮阳伸出长度和窗墙比更明显。

5.5.3.3　旅游型旅游服务建筑能耗模拟

为了对比不同空间形态指标下旅游服务建筑的碳排放，通过建筑模拟软件对商业零售类、餐饮类、住宿类等不同旅游服务建筑模型进行能耗模拟。旅游服务建筑的用能习惯与传统农业型相比，新增了售卖和住宿、餐饮功能，所以建筑主要房间类型与内扰参数、房间的人员在室率均发生了变化，根据实地调研对不同类型建筑人员在室情况与用能情况调查设置参数进行模拟。

（1）商业零售类

商业零售类建筑主要是在原有住宅建筑基础上，在前（后）侧加建商业零售功能。通过单一变量法的模拟原则，控制南向售卖空间的开间与进深的大小，对比不同空间形态下商业零售类建筑的能耗。概念模型如图 5.15 所示。

商业零售类建筑形态的变化主要表现在新建售卖空间和建筑整体进深的增加。

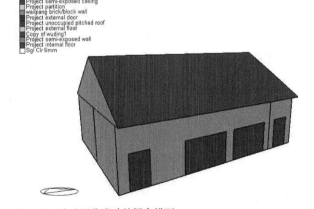

图 5.15　商业零售类建筑概念模型

以下通过建筑进深变化进行模拟（图 5.16）可以发现，在原建筑基础上前侧加建 5m 的单位建筑能耗相对较低；同时考虑住宅充分利用院落空间的情况，对比了在前侧、右侧同时加建建筑的情况，可以发现在前侧和右侧同时加建售卖空间时，加建面积与建筑单位面积能耗呈正相关，小于 4m 是比较合适的加建尺度。

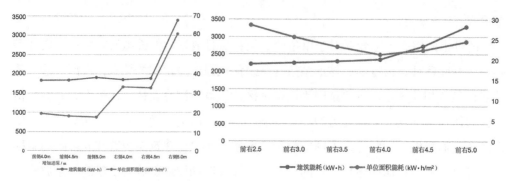

图 5.16　不同布局的售卖空间进深与建筑能耗的关系

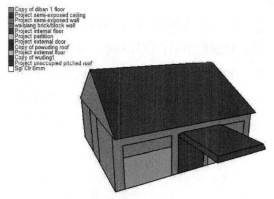

图 5.17　餐饮类建筑概念模型

（2）餐饮类

　　餐饮类建筑主要是在原有基础上，将一楼改造成餐饮功能，一层进深变大。为了更好地验证餐饮类建筑的整体进深与窗墙比对建筑能耗的影响，一方面控制建筑进深，另一方面控制南向窗墙比，对比不同空间形态下餐饮类建筑的能耗。模型如图 5.17 所示。

　　餐饮类住宅建筑主要分为用餐区、厨房、生活区，根据不同区域的用能习惯，调整模拟时的设备类型与房间内扰密度。其中住宅建筑室内发热量主要包括人体、照明灯具、电气设备及燃气具。发热量参考我国的《民用建筑节能设计标准》JGJ 26—95、《夏热冬冷地区居住建筑节能设计标准》JGJ 134—2010 及相关文献。

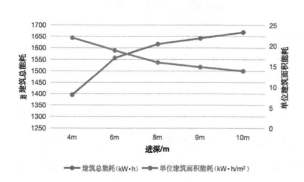

图 5.18　餐饮类建筑进深与能耗的关系

　　通过单一变量法的模拟原则，首先采用不同的餐饮空间进深进行建筑能耗模拟，可以发现，餐饮建筑整体能耗随着空间进深增大而增大，但是单位建筑面积能耗会随着进深增大而变小，同样是因为建筑进深增大，开间变小会降低建筑夏季能耗（图 5.18）。

所以，对于餐饮建筑来说，南向窗墙比越大，建筑能耗强度越大。但是考虑餐饮服务类建筑本身对于采光和视野的要求，可根据实际要求和建筑节能设计标准选择适宜的窗墙比大小（图 5.19）。

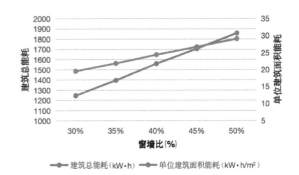

图 5.19　不同南向窗墙比与建筑能耗的关系

（3）民宿类

民宿类建筑主要是在原有基础上，将一楼所有房间改造成客房，同时为了增加客房数量，在建筑右侧加建了客房。用能习惯的改变主要是建筑内人员数量增加，客房内都增加了空调和电视。为了验证加建建筑适宜的进深和窗墙比，将右侧新建建筑进深和窗墙比分别作为控制变量进行住宿类建筑能耗模拟。概念模型如图 5.20 所示。

图 5.20　民宿类建筑概念模型

通过单一变量法的模拟原则，在面积相同的情况下，采用不同的新建空间进深进行建筑能耗模拟。可以发现，在面积不变，西向建筑承担厨房、餐厅、大厅等住宿服务功能时，建筑的进深越大，建筑整体能耗与单位面积能耗反而越小，8m 为比较合适的进深（图 5.21）。将西向新建建筑都作为住宿客房时，如果不考虑建筑面积的变化，保持开间不变，只增加西向建筑进深时，西向建筑作为服务性房间类型，建筑整体能耗依然会减小，进深 10m 为最佳；作为西向客房时，进深在 6m 时建筑能耗较小（图 5.22）。西向新建建筑的窗墙比与建筑能耗成正比，窗墙比越大，建筑能耗越大（图 5.23）。

通过旅游服务建筑不同空间形态要素对于单位建筑面积碳排放影响研究发现：首先，原有居住功能向商业零售、餐饮、民宿功能的转变会显著增加建筑的使用能耗，其中餐饮类建筑单位面积使用能耗相对最高；与农业型建筑相同，旅游服务类建筑的开间大小、窗墙比与单位面积建筑能耗呈正相关，进深大小与单位面积建筑能耗呈负相关；旅游服务类建筑在原有建筑基础上加建现象明显。加

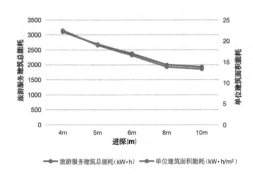

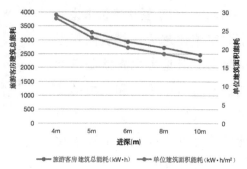

图 5.21　民宿类建筑进深与建筑能耗的关系

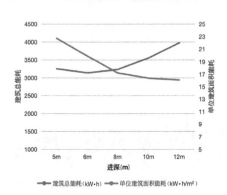

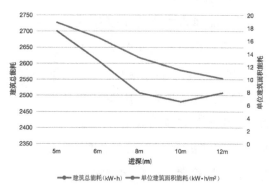

图 5.22　西向建筑进深与建筑能耗的关系

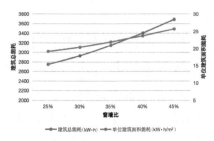

图 5.23　西向建筑窗墙比与建筑能耗的关系

建方式应综合考虑加建后建筑整体体形系数，避免西向加建建筑，控制进深和开间大小接近。

5.5.3.4　农旅型复合生产建筑能耗模拟

农旅型乡村社区的"复合生产建筑"演变形式主要有三种：在建筑左右侧加建的"住宿＋餐饮"类，围合型"民宿＋商业零售"类生产建筑，以及在建筑前侧加建的"民宿＋餐饮"类。为了对比三种加建形式对住宅建筑能耗的影响，采用加建相同面积建筑的三种不同形式模拟建筑能耗变化。不同加建模型如表 5.36 所示。可以发现，一字型布局与 L 型布局形式能耗相差不大，围合型加建建筑为西向时，建筑能耗显著增加。

不同加建建筑布局形式的能耗　　　　表 5.36

	模式 1 右侧加建	模式 2 围合型	模式 3 前侧加建	
概念模型				
面积（m²）	90	90	90	90
建筑能耗（kW·h）	2594.05	3421.46	2626.99	3830.85
单位面积能耗（kW·h/m²）	20.41	26.92	20.47	30.14

（1）在建筑左右侧加建的"住宿 + 餐饮"类

农旅左右加建类型建筑功能由原来的"居住"转变为"居住 + 住宿 + 餐饮"，并充分利用了后院空间作为农产品加工和餐饮的空间。由于前文已经对西向、南向建筑的窗墙比和体形系数对建筑能耗的影响进行了验证，所以以下控制变量只考虑加建建筑空间形态。加建民宿餐饮类有平行加建和前侧加建两种形式。可以发现，随着进深增加建筑的体形系数变小，建筑能耗都会减小；当建筑进深小于 6m 时，一字型布局更加节能，当进深大于 6m 时，L 型布局更加节能（图 5.24）。

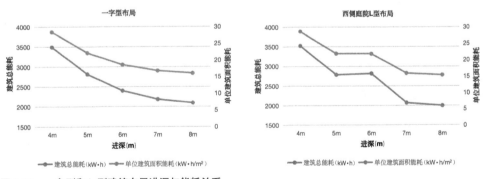

图 5.24　一字型和 L 型建筑布局进深与能耗关系

（2）围合型"民宿 + 商业零售"类

对于旅游发展较为成熟的乡村，由于游客量的增大，部分民宿在原有基础上进行改建，在原有宅院基础上尽可能增加客房的数量，形成了围合型的农旅民宿。

当加建建筑为西向时，采用不同的新建客房空间进深，建筑能耗模拟结果如表 5.37。可以发现对于西向新建旅游服务建筑来说，建筑的进深越大，开间越小，建筑整体能耗与单位面积建筑能耗就越少。

不同的西向客房进深的能耗 表 5.37

房间	控制进深（m）				
客房 1	4，8.1	5，6.48	5.4，6	6，5.4	8，4.05
客房 2	4，5.13	5，4.104	5.4，3.8	6，3.42	8，2.565
客房 3	4，4.725	5，3.78	5.4，3.5	6，3.15	8，2.3625
总面积	71.82	71.82	71.82	71.82	71.82
建筑能耗（kW·h）	9560.19	8336.11	8315.59	7757.16	7422.06
单位面积能耗（kW·h/m²）	55.26	46.46	46.19	42.93	40.79

（3）前侧加建的"民宿 + 餐饮"类

以下将验证在庭院东西两侧加建相同面积对建筑能耗的影响。同时，控制 L 型布局中南北向与东西向的比例，比较不同布局形式对建筑能耗的影响（图 5.25）。可以发现，同样的加建面积与 L 型布局的形式，当建筑的进深小于 6m 时，在庭院东侧加建比西侧加建更加节能；当建筑进深大于 6m 时，在西侧加建建筑更加节能。同时，L 型布局应该以南北向为主要朝向会更加节能。通过对比不同农旅复合生产建筑空间形态要素对于单位建筑面积碳排放影响发现：首先，新建和加建生产建筑布局上应该避免西向建筑，右侧加建一字型和 L 型的建筑布局单位面积建筑能耗相对较小；同样地，建筑开间大小、窗墙比、体形系数与单位面积建筑能耗呈正相关，尤其是西向建筑的开间增加会显著增加建筑能耗；建筑进深大小与建筑能耗呈负相关。

同时，通过不同农旅型复合生产建筑空间形态要素对于单位建筑面积碳排放影

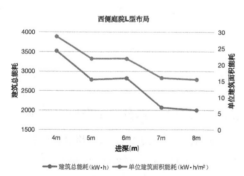
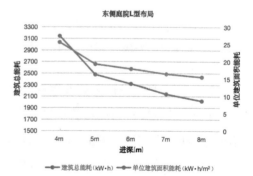

图 5.25 前侧加建型住宅建筑进深与能耗关系

响的斜率对比可以发现，复合
生产建筑的进深尺度、布局形
式和体形系数对于建筑碳排放
强度影响会比窗墙比更明显（图
5.26）。

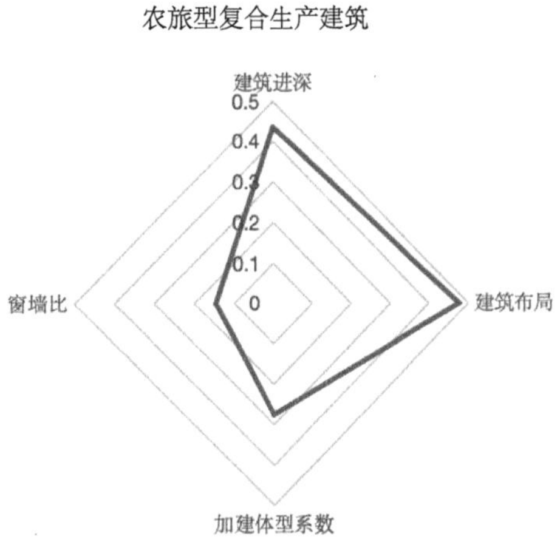

农旅型复合生产建筑

图 5.26　不同空间形态要素对复合生产建筑碳排放的影响

5.5.4　不同类型乡村社区建筑空间形态参考值

通过对不同类型乡村社区
中主体建筑和附属建筑的空间
关系分析，不同类型乡村、不
同空间形态下建筑能耗模拟结果可以发现：

（1）湖南农业型乡村住宅的开间与进深比值偏大，新建建筑时可以适当
缩小当前开间尺寸，增加建筑进深，以减少夏季建筑能耗；窗墙比应控制在
40%~45%；通过控制建筑开间与进深比值 ≤ 1，即选择开间等于或者小于进深的
布局方式以控制体形系数小于 0.55。

（2）对于商业零售类建筑来说，在原有建筑前侧和右侧同时加建售卖空间时，
加建建筑进深 4m 最为适宜，同时屋檐长度不宜过长。

对于餐饮建筑来说，适当缩小开间大小和窗墙比可以减少建筑整体能耗。同时，
包间形式的餐饮建筑比开敞的大开间建筑布局更加节能；考虑采光环境和建筑能
耗，餐饮类建筑南向窗墙比 35% 较为适宜。

对于民宿来说，西向建筑作为厨房、餐厅、大厅等住宿服务功能时，建筑的进
深越大，建筑整体能耗与单位面积能耗反而越小；将西向新建建筑都作为住宿客房
时，进深最好不超过 6m。

（3）对于农旅型乡村住宅的加建建筑来说，一字型布局与 L 型布局形式能耗
较小，为最佳布局方式。对于一字型布局与 L 型布局形式来说，建筑的体形系数相
同，当建筑进深小于 6m 时，一字型布局更加节能；当进深大于 6m 时，L 型布局
更加节能，且 L 型的加建建筑布局在西侧更加适宜。如果出现西向的加建建筑时，
应尽量选择大进深、小开间，建筑整体能耗与单位面积建筑能耗就越小。同时，加
建建筑为 L 型布局时，应该以南北向为主要朝向。

根据湖南城郊融合型乡村住宅空间现状及生活、生产方式对建筑的功能需求，

适宜湖南城郊融合型乡村住宅的几种模式如表 5.38 所示。

不同类型乡村社区适宜的建筑模式 表 5.38

类型		模式一	模式二	模式三	空间形态指标限值
农业型	产居一体				新建加工建筑：开间进深比值控制≤1；窗墙比应控制在 40%~45%；体形系数≤0.55
旅游型	商业零售				新增售卖空间：售卖空间建议采用活动遮阳；加建建筑进深≤4m；屋檐长度最好≤1.5m
	民宿餐饮				旅游服务客房：窗墙比应控制在 35%；采用大开间的空间布局；南向建筑进深≤8m，西向客房尽可能采用小窗墙比
农旅型	复合生产				新建建筑：采用一字型布局与 L 形布局形式；控制体形系数 <0.55；加建建筑以南北向为主要朝向

5.6 碳排放的空间形态影响要素体系

通过以上分析可以发现，当建筑的碳排放强度一定时，建筑密度、整体形状指数、居民点聚合度是重要的碳排放影响因子，公共空间可达性、道路形状指数是重要的交通碳排放影响因子。社区的整体形状指数、建筑聚合度都对建筑单体碳排放强度有明显影响，而建筑密度对建筑碳排放强度影响则不显著。

从微观建筑层级空间形态来看，建筑功能决定用能习惯，建筑本身的围护结构和建筑空间形态都会影响建筑的碳排放强度。对于农业型社区中的产居一体化建筑来说，用能习惯与围护结构未发生改变，建筑的碳排放影响因素主要是新建生产建筑的进深、开间和体形系数；对于旅游型和农旅型社区中的旅游服务类建筑来说，用能习惯与空间形态均发生变化，所以服务建筑的用能习惯与新建建筑的功能布局、平面进深开间比、体形系数等空间形态要素都是重要的碳排放影响因子。所以在建筑的空间形态要素中，建筑朝向、建筑间距、建筑进深开间比值、窗墙比、体形系数都是对住宅建筑能耗非常重要的影响因素，是乡村社区低碳空间布局优化的重要切入点。

总体来看，可以将各层级空间形态与碳排放的关联关系概括为：

①社区整体碳排放。整体量形态 > 邻里组合形态 > 整体布局形态 > 邻里道路连接形态。即当乡村规模一定时，乡村邻里组团的空间布局形态对于居民生活碳排放具有更直接的影响。

②社区交通碳排放。公共空间可达性 > 道路形状复杂度 > 整体布局形态。

③建筑碳排放强度。"社区—邻里组团"形态中，整体形状指数与聚合度对碳排放强度都具有明显影响，但是当建筑之间的间距大于 12m/6m 时，建筑组团的布局形态对建筑碳排放强度影响减弱。

所以社区空间形态对碳排放的影响要素体系可归纳如图 5.27 所示。

从不同层级空间形态来看，宏观层级的建筑密度是建筑占地面积与社区总面积

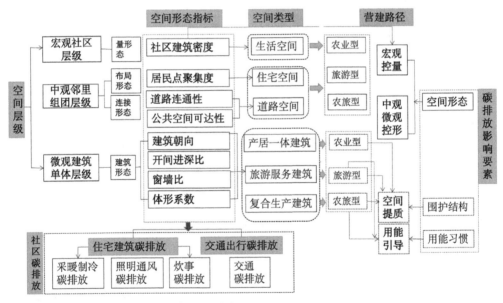

图 5.27　社区不同层级空间形态碳排放影响要素体系

的比值，会影响社区整体的建筑碳排放强度，宏观空间形态尺度的低碳营建路径可以概括为"宏观控量"，严格控制建设用地的量；相较于宏观量形态，中观层级形态中的邻里组团布局形态与道路形态对于居民生活碳排放具有更直接的影响；对于不同类型社区的建筑来说，所有新建、加建生产建筑的朝向、布局、开间进深比、窗墙比、体形系数都是显著的碳排放影响要素，应该严格控形。空间形态上对社区

碳排放的营建路径可以概括为"中微观控形"。

从不同乡村社区类型来看，首先，由于旅游型与农旅型建筑的用能强度更大，所以旅游服务建筑与复合生产建筑中用能习惯成为重要的碳排放影响要素，因此对于旅游型和农旅型社区来说，"用能引导"是重要的低碳营建内容；其次，由于农业型社区建筑本身围护结构质量差，存在不必要的能源浪费，所以普通住宅建筑的围护结构质量提升也是重要的碳排放营建内容，可以概括为"建筑提质"。

5.7 小结

本章基于前一章节空间与碳排放问题，通过相关性分析方法对主要的碳排放空间形态影响要素进行了梳理，试图找到不同类型乡村社区主要的空间减碳营建单元，作为下一章节空间低碳营建策略研究的切入点。研究明确了社区尺度建筑密度、形状指数、邻里组团聚合度、道路形状指数、公共空间可达性、建筑朝向、窗墙比、开间进深比、体形系数等重要的碳排放影响要素。

①社区整体形态指标中密度对社区碳排放影响最大。社区整体形态指标中建筑密度越大，则社区碳排放量越大。

②邻里组团形态中聚集度在一定范围内与社区碳排放呈负相关关系。邻里组团空间形态中显著影响户均碳排放强度的空间形态指标是居民点聚合度和居民点连接度。聚集度和连接度越大，单位面积上碳排放总量越大。但是居民点聚集度对单位建筑面积的碳排放影响则非线性相关。当建筑间距大于 12m/6m 时，聚集度对建筑的影响减弱。路网形状指数相对其他指标而言是邻里空间形态指标中对碳排放影响最小的因子。路网形态指数越大，路网越复杂，交通碳排放越大。

③规模一定时，邻里组合形态对社区碳排放影响更明显。

④建筑功能与结构一定时，以农村绿色建筑建设标准控制建筑空间形态，使住宅建筑进深开间比值≤1，体形系数≤0.55，窗墙比在40%~45%，则更利于建筑节能。

而不同类型乡村社区的空间形态与碳排放的作用机制的差异性也主要体现在不同活动行为下产生的活动碳排放强度不同。农业型乡村社区的碳排放主要来自普通农户和"产居一体"农户的建筑碳排放以及交通碳排放，主要是内源性碳排放；旅游型乡村社区碳排放来自普通农户和旅游经营农户的住宅建筑碳排放及其交通碳排放，包括内源性碳排放和旅游服务活动下新增服务碳排放两部分；农旅型乡村社区碳排放则来自普通农户和混合型生产经营农户的建筑碳排放及其交通碳排放，同样包括内源性碳排放和外来新增碳排放两部分，但是农旅型社区的生产活动行为更加多元，生产活动碳排放强度会更大。

第6章 城郊融合型乡村社区空间形态低碳营建策略

国务院印发的《2030年前碳达峰行动方案》中明确了在乡村振兴中落实绿色低碳的要求，方案提出要推进农村建设和用能低碳转型，推进绿色农房建设，加快农房节能改造。但是乡村低碳不能一概而论，不同乡村的碳源与碳排增加机制不同，应该根据不同类型乡村的空间优化目标去考虑低碳营建技术与方法。比如，农业型社区以生活空间综合功能提升为主要目标，旅游型以旅游配套空间品质提升为主要目标，农旅型以空间融合为主要目标。那么农业型社区的低碳适应性就表现在住宅空间低碳改造与公共空间的低碳改造。本章主要根据前文城郊融合型乡村社区空间存在的问题与实地对空间使用人群的需求调查，确定湖南乡村社区低碳生活空间的营建目标、营建单元与策略。

6.1 社区生活空间低碳营建目标、主体与路径

6.1.1 营建目标

乡村社区空间再造过程是不同利益方博弈的过程，合理的目标应当是去生产一个和谐一致的合理的空间，避免一味地追求生产和消费价值。根据前文对不同类型城郊融合型乡村的研究，农业型乡村社区在农业现代化的转型模式下主要空间问题是生产空间的组织；旅游型乡村社区在特色乡村旅游转型模式下主要的空间问题是旅游空间品质问题，包括旅游经营建筑、公共空间的品质提升，而旅游配套建筑空间的品质提升成为旅游型乡村社区的空间适应性营建目标；农旅型乡村社区则面临着更加复杂的空间融合问题，其以农旅经营户的空间组织和品质提升为农旅型乡村社区的生活空间适应性营建目标（图6.1）。

所以本文聚焦不同类型乡村社区生活空间的个性需求与共性问题，根据前文分析可知，农业型社区生活空间问题主要体现在如何兼顾住宅生产功能和空间品质提升；旅游型社区旨在解决缺乏地域特色、旅游空间品质不高与生活—经营空间组织混乱的问题；农旅型社区则主要是生活—经营空间融合不足的问题，所以将三类乡村社区生活空间营建目标分别概括为"综合功能提升""配套服务空间品质提升""农旅空间融合"（图6.2）。

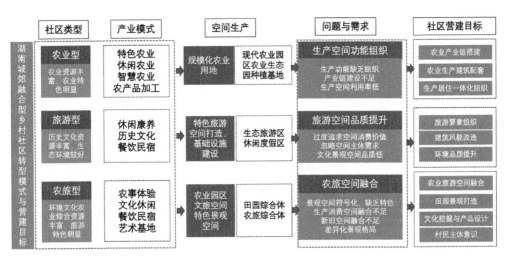

图 6.1 湖南不同类型乡村社区空间生产与社区营建目标

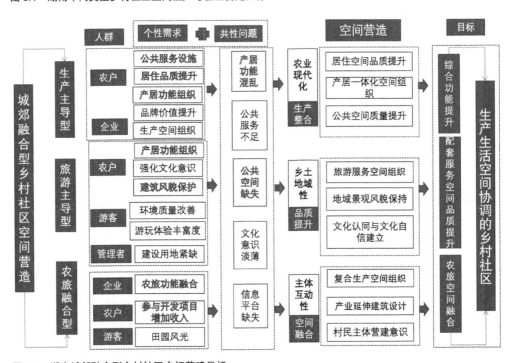

图 6.2 湖南城郊融合型乡村社区空间营建目标

6.1.2 营建主体

在新时代乡村振兴的语境下，乡村空间营建不再是设计师独立的设计介入，而应当是设计师对乡村本质问题调查与理解后，与村民、资本、政府等多元主体的共同营建（图 6.3）。

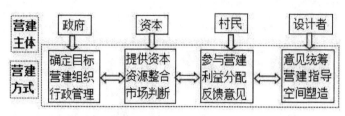

图 6.3 多元主体共同营建

农业型社区必须摆脱对城市消费文化需求的单一依赖，明确村庄资源本底，因地制宜地寻求一条经济复兴、空间重塑的路径。通过资源要素的分类分级，政府可以明确适宜的产业类型，资方能够明确市场需求、搭建农业产业链、提升农业生产效益，设计师则根据主要生产类型进行生产空间布局与功能组织，从而提升空间效益。

旅游型社区政府首先应明确自身旅游资源类型；设计师根据旅游发展类型有侧重地进行空间营建以最大化地发挥吸引力，延续乡村活力；村民则积极参与旅游开发与利益分配，提升旅游效益。

农旅型社区在政府与资本合作下考虑将农业资源转向旅游资源，实施"旅游+"策略，形成"旅游+农业"的全新产业链，设计师则推动产业集中布局，提高空间利用率，村民以股份制或个体经营方式参与营建。

总的来说，乡村社区的空间生产与再生产过程中必须实现多方参与、共同营建。同时，处于不同转型时期的乡村社区营建主导者应该不同，建设初期应该是以政府规划决策为主的基础设施营建，而运营后期村民主体则应该拥有更多的话语权。生活空间的适应性营建在村民主体生活空间功能与品质提升同时，又能满足多方空间实践主体的共同利益。

6.1.3 社区营建目标下的关键空间形态要素

农业型乡村社区在实现不同层级空间功能提升的同时，一方面通过用地集约化与生产空间整合，提高空间利用率；另一方面通过合理的公共空间布局，增加村民室外活动行为，在减少交通活动碳排放的同时减少建筑运行阶段碳排放。旅游型乡村社区在提升旅游服务空间质量同时，一方面通过旅游服务建筑的形态控制减少旅游住宿、餐饮、商业零售类建筑的碳排放；另一方面通过旅游组团内空间整合严格控制旅游社区内产生的交通碳排放。农旅型社区则一方面通过微观层面农旅经营户建筑空间形态控制和中观层级公共空间布局引导空间有效融合和能源高效利用；另一方面，强化生态碳汇功能，并且有效引导居民生活用能行为，从思想观念与习惯上养成低碳意识（图 6.4）。

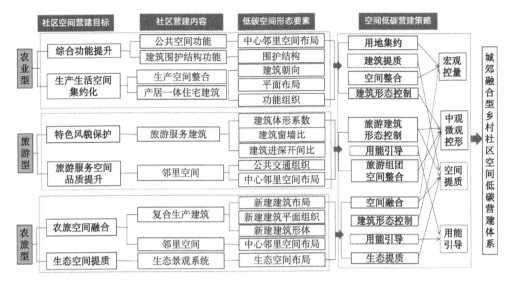

图 6.4 城郊融合型乡村社区空间低碳营建体系

6.2 乡村社区生活空间低碳营建导则

根据前文分析可知，农业型乡村社区的低碳营建单元主要是对生活单元空间形态的控制：微观层面产居一体化的住宅建筑和普通住宅建筑，产居一体化建筑具体包括农业种植、养殖大户的产居空间；中观层面的邻里组团空间和公共空间低碳营建。产居一体化建筑的营建策略主要是通过复合空间组织营造良好的建筑采光、通风环境以实现建筑减碳；普通住宅建筑则通过厨房空间组织与围护结构改造实现建筑能源使用强度减少以达到减碳目的；邻里组团层面则通过邻里组团布局和公共空间设计达到交通碳排放减少和碳汇增加的目的，最终实现通过公共活动空间组织减碳。

不同类型乡村社区的低碳营建差异性主要有以下几点：住宅建筑层面的差异性主要体现在产居一体化住宅建筑的营建上，在满足不同"产居空间模式"的复合空间组织的基础上，营造良好的建筑通风、采光环境，满足绿色建筑建设标准；邻里空间层面的营建差异性主要体现在不同类型乡村社区邻里空间营建总体目标上，在满足邻里空间合理组织的基础上，营造良好的建筑通风、日照环境，减少建筑运行能耗，减少交通碳排放，提高邻里空间绿地碳汇。所以不同类型社区空间的低碳营建将分别从"住宅建筑"和"邻里组团"两个层级的生活空间单元展开（图 6.5）。

①从不同类型社区的住宅建筑节能入手，通过调整复合空间秩序、形态，在提升居住空间品质的同时达到建筑单体节能减碳目的，具体空间形态要素包括住宅建

筑的功能布局、开间进深比值等平面组织形态，窗墙比、体形系数等形态，以及围护结构等。

②合理规划设计邻里组团布局与组团内部形态，鼓励在集约用地、保存地域风貌特色、提升生态空间品质的同时，以减少组团内建筑能耗和交通活动碳排放，增加碳汇，具体包括建筑排列方式、道路形态、绿地景观形态、中心邻里空间布局等空间形态要素。

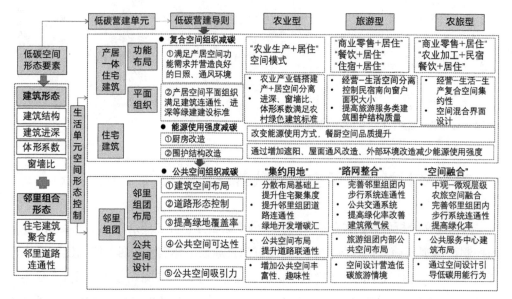

图 6.5　不同类型乡村社区低碳营建导则

其中，湖南地区低碳住宅建筑营造的探讨基于明显的高碳排放现状展开，所以湘西地区的木结构建筑以及较少的框架结构建筑暂不作为研究对象，以下不同类型乡村社区中只探讨砖混结构建筑的低碳营建策略。由于普通住宅建筑在不同类型乡村社区中低碳营建策略并无差异，所以对于普通住宅建筑的低碳营建策略只在农业型乡村社区中进行论述。

6.3　不同类型乡村社区空间低碳营建策略

6.3.1　农业型——生活空间综合功能提升与低碳营建

6.3.1.1　住宅空间低碳营建

农业型社区生活空间问题主要体现在兼顾居住建筑生活—生产功能与品质提

升。居住建筑空间关联模式将生活、生产、生态三部分空间串联起来（图6.6）。生活空间位于住宅的核心部位，包含堂屋（起居室）、卧室、厨房、餐厅、卫生间等基本生活空间，以及客卧、书房、门厅、过厅、阳台、楼梯等附属空间。生产和生态空间联系相对密切，可邻近住宅主入口或次入口布置。不同的农户类型，导致生产和生态空间属于基本空间或是附属空间也不尽相同。

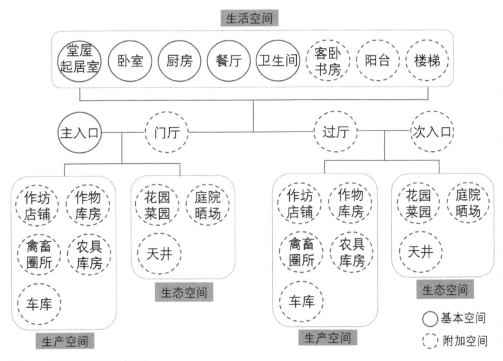

图 6.6　居住建筑空间关联模式

（1）职业农民产居一体化住宅空间营建

首先针对职业农民对"产居一体"住宅建筑的功能需求，进行既有住宅产居一体化空间改造，协调三生空间功能：一方面在现有建筑的基础上加建农产品加工间和晾晒阳光房以满足农业生产空间需求；另一方面对庭院环境进行改善，在充分发挥院落生产价值的同时，营造庭院生态空间，保证新建生产空间与原有住宅生活空间的有机融合；同时，第5章农业型住宅原型能耗的模拟结果，明确了建筑开间进深比越大能耗越大，因此在原有建筑基础上加建农产品加工空间，控制开间进深比值≤1，避免不合理的加建增加建筑整体碳排放。模式一对原有住宅部分空间进行功能置换，同时改善庭院生态环境，服务于小规模的室内农产品生产户；模式二在建筑一侧加建生产空间，庭院加建半开敞空间作为生产空间；模式三在建筑前侧和

庭院加建生产建筑，同时改善庭院生态环境，平面功能组织与布局如表 6.1 所示，
建筑能耗变化如表 6.2 所示。

职业农民住宅产居一体化功能改造（居住＋生产） 表 6.1

类型		空间 / 建筑原型	模式一	模式二	模式三
农业生产＋居住	空间组织形式		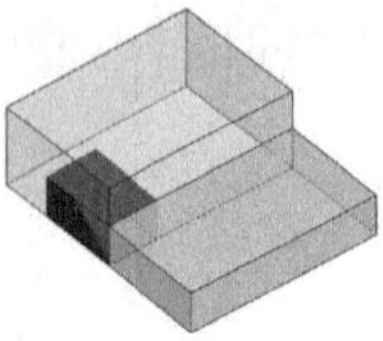	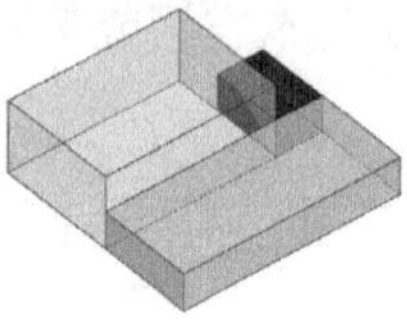	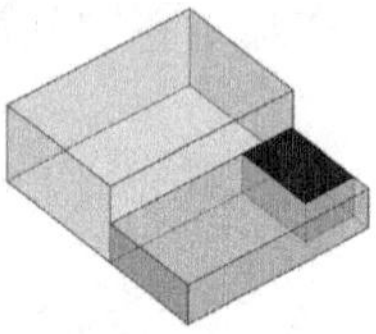
	建筑平面图	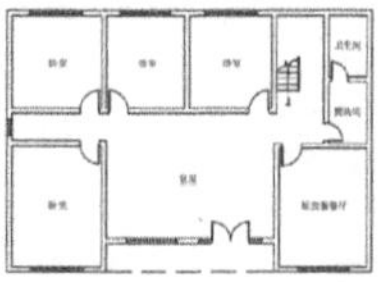	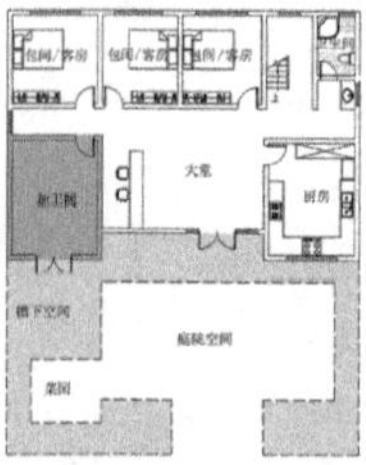	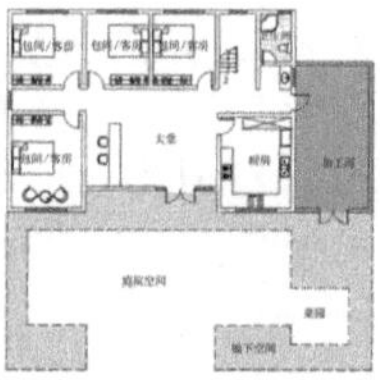	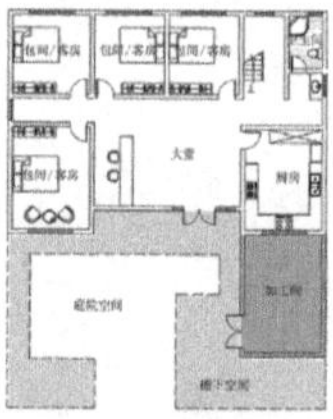
	建筑效果图				

产居一体建筑改造后能耗变化 表 6.2

项目	空间 / 建筑原型	模式一	模式二	模式三
空间组织形式		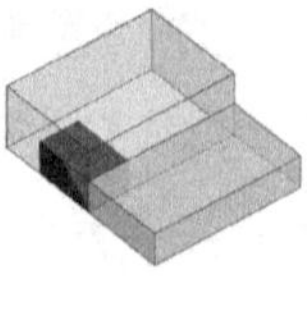	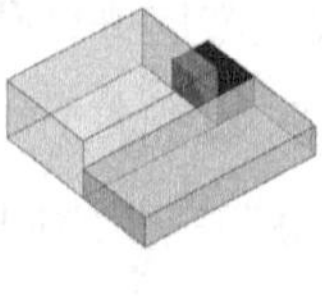	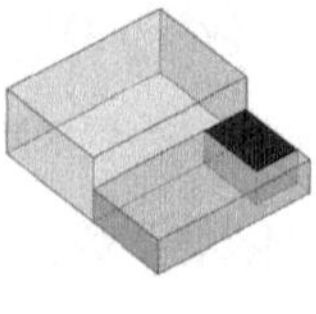
建筑整体能耗（kW·h）	1740.06	1736.55	1718.83	1784.65
单位建筑面积（kW·h/m²）	19.57	19.61	17.04	17.71

表格来源：模拟结果

通过不同改造模式的建筑能耗模拟，可以发现小型农业生产功能出现对建筑总
体能耗和单位建筑面积能耗影响不大，新增建筑布局在建筑右侧平行布局是最佳加
建方案。

（2）种植大户产居一体建筑低碳营建

种植大户产居一体建筑不仅要满足简单的农产品加工和晾晒，还包括大型农业机械停放、农产品存储加工、农产品包装、特色农产品展示售卖等功能，其体量往往要比普通农户更大，功能也更复杂。这类建筑住户将院落充分利用，在建筑周边搭建了大型生产车间，但是功能组织和空间未经过精细化设计。在低碳改造过程中，首先将加建的大型生产车间空间分隔，重新组织生产空间流线使得生产空间满足日常的生产实际；同时考虑生产车间的通风与采光环境，减少使用过程中不必要的能源浪费（图 6.7）。

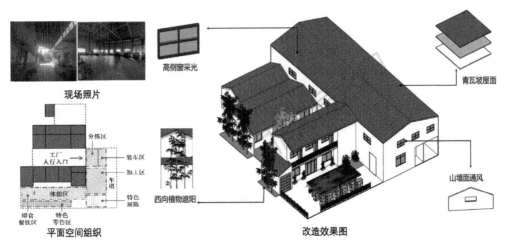

图 6.7　农业型产居一体建筑低碳改造
图片来源：现场照片为调研拍摄，平面图来自课题组，效果图为自绘

（3）围护结构功能提升

通过调研发现，大多数农业型的乡村社区常见屋顶主要包括平屋顶、坡屋顶。针对典型的农业型住宅建筑进行功能提升，通过平屋顶改造，增加屋顶通风，达到通过自然通风降低室内温度的目的。青瓦屋面置换，在屋面加设铝箔反射太阳光线。南向窗口增加遮阳，同时增加西侧庭院绿化，以减弱地面反射强度达到给建筑降温的目的（图 6.8）。

6.3.1.2　农业型乡村邻里空间低碳营建

（1）邻里组团建筑布局——提高用地集约性

湖南地区乡村转型发展速度较慢，不存在如江浙发达地区的集中新建建筑组团，邻里组团空间形态变化仅表现为宅院空间的扩张，整体建筑布局形态没有发生变化，新建住宅的增加使得住宅聚集度增加。第 5 章对邻里形态指标与碳排放的相关性量

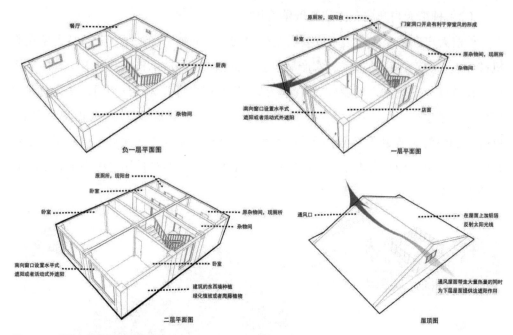

图 6.8　砖混建筑节能改造策略图

化分析，明确了湖南地区乡村住宅聚集度普遍大于 25.91，碳排放量会随着聚合度的增加而减少。因此，农业型乡村社区中观邻里组团建筑布局方面应该继承传统邻里形态秩序，优化群域组团布局，适当增加组团建筑密度，提高用地集约性。当新的功能介入时，控制新建建筑的朝向、间距要与原有建筑组团有机融合。

①新建建筑选址。新建建筑选址考虑嵌入原有组团内部，保证介入后组团聚集度增加，建筑风貌统一，实现组团建筑布局的有机更新。而现有《湖南省农村宅基地管理办法》中允许集体建设用地有偿出让、出租等的规定，也使得村民宅新建住宅时基地选择更加多样和灵活。根据新建建筑功能需求进行布局，住宅考虑与道路、中心公共空间位置关系就近布局，农业生产型建筑靠近生产基地，减少农业生产活动的交通碳排放。丘陵地区则充分利用山形对于生产的有利条件；在南向与偏南向沿山坡递进排布的地形，延续邻里组团依山而居的"山水田园"空间形态。

②建筑朝向与间距。延续现有建筑组团内建筑的朝向，以面向道路的南向、东南向、西南向朝向为主布置，保证新建建筑与原有建筑组团的有机融合。第 5 章对住宅建筑连接度、宅院之间的间距与碳排放量化分析，明确了湖南地区住宅连接度与碳排放量呈正相关，连接度越大建筑间距越小，住宅建筑碳排放越少；在不同朝向建筑布局中，建筑主次间距 8m/4m 的情况下，建筑能耗最小。因此对于当前湖南

乡村住宅分布布局的形式来说，可以适当减少建筑的间距，引导形成紧凑高密度的宅院布局形式。不仅有利于公共服务设施的集中布局和方便管网铺设，避免远距离能源输送过程的能耗浪费，也减少了邻里交往活动的交通出行碳排放。

③宅基地大小控制。按照节约集约用地的原则，参考《湖南省镇（乡）域村镇布局规划编制导则（2016）》规定每基准户（4 人及其以下）宅基地占地面积不超过 100m²，层高一般不得超过 3 层，建筑面积不宜超过 300m²。因此，对于宅基地面积大小进行控制，提高土地集约化利用程度，鼓励废弃宅基地再利用。

（2）邻里交往空间设计——引导减少能源消费行为

邻里交往空间往往包括宅前空间、街巷空间、公共服务中心。

①宅前空间。对于传统湖南民居来说，会通过庭院或天井作为与外界气候环境交换的进出口，天井起到了重要的通风降温作用。对于城郊农业型乡村社区住宅庭院来说，多为现代自建住宅，已经演变为"住宅 + 开敞庭院"的空间模式。其气候适应性在宅院空间布局中逐渐弱化，当前宅前空间形态布局和空间风貌各异，空间品质参差不齐。因此对于宅前加建建筑，首先应该考虑加建构筑物与风环境的关系，引导自然通风穿过庭院。在湖南地区，夏季主导风向为南向、冬季主导风向为西北偏北，房屋进深不宜过大，单向自然通风，空间进深不宜大于 6m，双向自然通风，空间进深则不宜大于 12m。其次，可利用宅前空间增加庭院绿化面积，一方面提升住宅庭院空间品质，通过营造舒适的、可遮阳的庭院交往空间减少居家期间能源使用；另一方面通过合理的植物种类配置，增加碳汇，达到调节微气候的作用。

②街巷空间。邻里道路环境已经得到了改善，可以满足机动车通行到户，同时道路也是村民短暂的社交与活动场所，村民满意度较高。但是中心公共空间不足，形态单一，闲置率较高。所以对于农业型乡村社区来说，在道路节点处、闲置用地处设置休闲空间节点，既可以避免直接在道路停留驻足的不安全因素，又可以丰富村民邻里交往空间类型（图 6.9）。

③公共服务中心。提升中心公共空间品质，关注乡村留守儿童、老人的活动需求。针对公共空间不足、空间不够丰富的问题，围绕水塘增加滨水休闲建筑，景观小品和生态公园，不仅可以满足老幼代际融合，同时为村民提供交往空间，重塑场所精神（图 6.10）。

（3）公共服务中心配套空间布局

通过规划引导合理的土地要素利用，使得公共服务设施选址既满足社区可达性要求，又成为村民聚集度、活跃度较高的地方，提高空间利用率，减少村民日常交

图 6.9　邻里交往空间设计

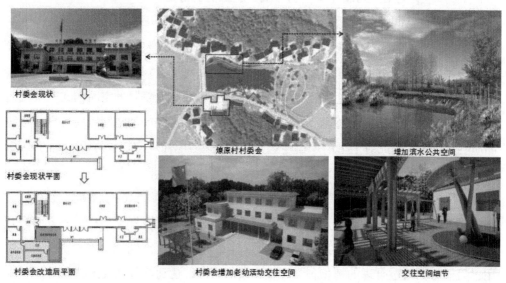

图 6.10　公共空间改造（燎原村为例）

往活动产生的交通碳排放。

①道路空间形态控制。借助空间句法的分析方法，对乡村社区内原有道路街巷空间进行梳理分析，结合第 5 章道路空间形态要素与碳排放的关系，提高道路通达性，减少交通行为碳排放。

②公共服务中心布局。通过道路的连通性、使用率分析结果对公共服务设施的服务半径进行合理的评估；一方面考虑村民本身的空间喜好，选择村民通过率最高的空间区域布置公共服务建筑；另一方面针对农业型乡村社区公共空间不足的现实问题，增加不同规模、功能的中心邻里空间，使不同村民小组均可以在合理的步行范围内实现邻里交往。

6.3.2　旅游型社区低碳营建策略——旅游空间提质与低碳营建

6.3.2.1　旅游配套建筑空间低碳营建

（1）旅游服务建筑低碳营建

旅游型社区配套建筑主要包括商业零售和农家乐民宿经营两类，因此根据从事旅游服务的农户的空间使用需求调查，针对两类旅游配套服务建筑分别提出庭院分流型、独立入口型、内部嵌入型 3 种改造模式。在保证建筑风貌的情况下在原有建筑前侧加建生产空间，以满足其新增旅游服务（售卖、餐饮）功能，同时通过空间高效融合利用实现碳减排（表 6.3）。其中，控制商业零售类建筑加建建筑进深不大于 4m，同时屋檐长度最好不超过 1.5m；控制餐饮类加建建筑窗墙比在35%~45%，尽可能采用大开间的空间布局，建筑整体进深不大于 8m。

庭院分流型是经营空间和生活空间经由公共庭院进行分流的改造形式，适用于用地面积中等且住宅户门距村镇道路有一定距离的住宅户型。通过增设门前院落作为过渡空间，让顾客和住户两股人流经由此处进行缓冲和分流，同时设置公共庭院使经营空间和生活空间充分关联而又互不干扰。

独立入口型是生活空间和经营空间入口相互独立的改造方式，针对用地较为宽裕的住宅户型，单独设置的商铺入口让经营空间与居住空间完全分离，从而减少相互之间的干扰，扩大商业经营空间的规模。

内部嵌入型是经营空间嵌入原有生活空间的改造方式，不需要额外新增体量，对用地要求较低，因此适用于用地较为紧张的住宅户型。

旅游服务建筑低碳营建功能布局与平面组织如表 6.3 所示，改造后建筑能耗如表 6.4a、表 6.4b 所示。旅游服务功能的出现都会显著增加建筑的能耗强度，其中餐饮住宿类建筑相比于商业零售店对建筑能耗的增加会更加明显。从不同加建方式来看，增加相同面积建筑对建筑能耗的影响差异不大。相对来说，对于商业零售类建筑独立入口型为最佳加建方式。对于住宿餐饮类来说，庭院分流型是对建筑能耗影响较小的加建方式。

旅游服务建筑低碳营建功能布局与平面组织（生活＋经营）　　表 6.3

		空间 / 建筑原型	庭院分流型	独立入口型	内部嵌入型
居住＋商业零售	空间组织形式				
	建筑平面图				
	建筑效果图				
居住＋农家乐民宿经营	空间组织形式				
	建筑平面图				
	建筑效果图				

旅游服务建筑改造后建筑能耗（商业零售类）　　表 6.4a

商业零售类	空间 / 建筑原型	庭院分流型	独立入口型	内部嵌入型
建筑总能耗（kW·h）	1740.06	2899.02	2540.47	1933.52
单位建筑面积能耗（kW·h/m²）	19.57	23.48	20.58	21.83

旅游服务建筑改造后建筑能耗（餐饮住宿类）　　表 6.4b

餐饮住宿类	空间 / 建筑原型	庭院分流型	独立入口型	内部嵌入型
建筑总能耗（kW·h）	1740.06	2511.31	2866.22	2248.13
单位建筑面积能耗（kW·h/m²）	19.57	20.34	23.22	25.39

（2）围护结构功能提升

由于旅游服务建筑，尤其是餐饮住宿类建筑的碳排放强度较大，为解决部分自建旅游民宿围护结构质量差的问题，主要针对建筑的墙体、门窗和遮阳设施进行改造，降低建筑使用过程的能耗。

①建筑墙体与门窗。在调研过程中发现，湖南大多数旅游型乡村自建旅游民宿建筑墙体采用的是单层墙，多数农村住宅外墙没有采取保温隔热措施。首先，农村住宅保温隔热措施未能普及的原因一方面是湖南冬季的温度一般在零度以上，另一方面是考虑经济原因，大多数农户不愿意更多地投资，同时，大多数住户没有节能意识。其次，湖南农村多使用单层透明玻璃，传热系数是 5.58W/（m²·K）左右，根据《湖南省居住建筑节能设计标准》，住宅建筑窗户的传热系数最大也应该 ≤ 3.6。所以说明湖南农村住宅的外窗传热系数还是比较高的。旅游服务建筑墙体和门窗材料的使用应按照《湖南省居住建筑节能设计标准》，满足建筑各部分的传热系数和热惰性指标限定值。

②建筑遮阳。根据《湖南省居住建筑节能设计标准》，居住建筑的东西向外窗应设置活动外遮阳装置，窗墙比 ≥ 0.45 时，居住空间外窗应该设置活动外遮阳装置。

③围护结构改造后建筑能耗变化。以餐饮服务建筑为例，通过增加屋顶通风口，增加建筑遮阳，改单层玻璃为双层玻璃，餐饮服务建筑的能耗变化如表 6.5 所示。可以发现，改变餐饮服务建筑的围护结构可以有效降低 2815.25kg 碳排放。

围护结构改造后建筑能耗变化　　表 6.5

	改造前	改造后	能耗变化	碳排放变化
建筑总能耗	11625.3kW·h	8110.5kW·h	−3514.8kW·h	2815.25kg
单位建筑面积能耗	79.38kW·h/m²	55.38kW·h/m²	−24kW·h/m²	19.224kg

6.3.2.2　旅游型乡村邻里空间低碳营建

（1）邻里组团布局

参考前文聚集度指标与碳排放关系的临界值，可以发现湖南大多数乡村处于聚集度增加有利于能源高效利用的状态。同时针对旅游型社区缺乏地域特色和旅游空间品质不高的问题，旅游型社区应依托文化旅游资源，在邻里空间更新发展过程中应充分挖掘文化价值，形成不同领域空间的景观中心，打造高品质的地域文化景观空间形态（图6.11）。建筑与建筑之间形成的院落组成了一个连续的、丰富的、多样的空间系列，该空间系列将具有统一建筑语言并与整个规划融为一个统一的建筑集群，使得游客在组团内实现步行，从而减少旅游组团内的旅游行为碳排放。针对湖南丘陵地形的旅游乡村社区，步行系统尽可能利用原有地形，在减少土方量的基础上，充分考虑交通及排水等的需要，道路坡度在0.3%~4.5%之间（图6.12）。

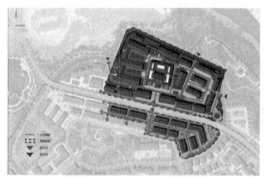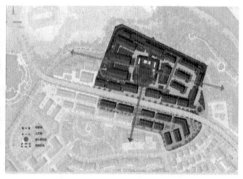

图6.11 旅游组团布局
图片来源：课题组资料（南昌规划设计院）

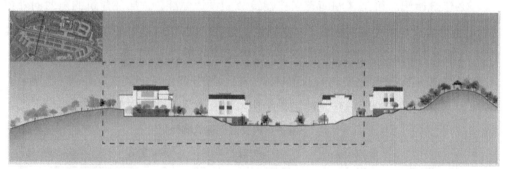

图6.12 利用地形的步行系统
图片来源：课题组资料（南昌规划设计院）

（2）公共交通路网设计

根据旅游目的地碳排放研究（图6.13）可知，旅游型乡村交通行为活跃，旅游各环节碳足迹结构差异显著，所占比例大小依次为旅游住宿、旅游交通、餐饮和旅游娱购，其中旅游住宿和旅游交通碳足迹所占比例超过70%。所以对于旅游型社区来说，降低景区交通运营能源消耗可大幅减少旅游各环节能源的浪费，降低能源产生的温室气体排放。在交通路网设计环节，通过空间句法的可达性分析，对旅游型乡村社区交通路网进行完善。

一方面提高路网的连通性，另一方面规划旅游组团内公共交通体系，减少旅游组团内部交通行为产生的碳排放。

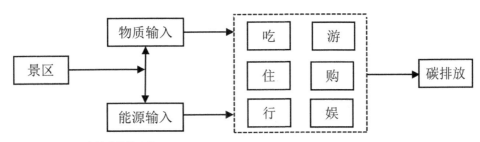

图 6.13　旅游型乡村碳排放系统

（3）公共空间布局

旅游型乡村社区的公共服务中心已经相对成熟，但是单中心的公共空间布局忽略了社区本身居民对邻里交往空间的需求；同时已有的公共空间在空间尺度、功能设计、场所精神的塑造上更多地以游客的需求为主。所以旅游型社区公共空间布局应该重新规划社区公共空间主次关系，在现有的公共空间基础上，营造小尺度的中心邻里空间。这样既能满足村民主体自身的交往需求，同时也通过打造次中心的邻里公共空间减少了不必要的交通行为。

（4）空间设计引导低碳旅游情境

旅游地便利的基础设施、绿色旅游产品和服务的可得性都有助于引导游客的低碳旅游行为。所以旅游型乡村社区内便利的公共交通停靠点、绿色交通工具存放处、随处可见的垃圾回收设施都可以成为助力低碳旅游的空间设计节点。对于湖南传统文化型的旅游乡村来说，趣味性的旅游活动场地设计也可以引导游客减少旅游住宿和交通消费。

6.3.3　农旅型社区低碳营建策略——空间融合与复合空间低碳营建

这类乡村空间逐步向农业与旅游共存的空间形态发展，配套空间置入是协调"旅游 + 农业"关系的营建手段之一；在宏观空间尺度，以片区空间互补、点线串联的方式组织旅游、农业生产两个功能空间体系；在微观建筑尺度，以"居住 +

旅游服务＋农业生产"的复合生产建筑营建实现不同功能空间融合。这类乡村空间功能多元化，景观要素更丰富，组织方式也更加灵活，农业生产空间与旅游空间紧密关联。

6.3.3.1　混合型生产建筑空间的低碳营建

（1）复合生产建筑低碳营建

①功能布局与平面组织。农旅型乡村社区住宅空间营造则充分考虑产业适应性，既满足农产品加工功能，又考虑餐饮和民宿功能，在一层加建经营空间实现功能分区，保证加建部分与原建筑风貌统一。根据第5章对建筑空间形态与能源消耗模拟，明确了建筑进深适当增加可减少建筑使用阶段的能耗，同时 L 型布局的新建建筑更加节能。因此根据从事农旅服务的农户的空间使用需求调查，大多数农户选择开发庭院空间，在右侧和庭院加建新的建筑作为旅游服务空间。所以针对农旅型社区中的复合型生产建筑，主体采用上下型的空间布局类型，二层以上作为生活空间，建筑底层作为生产空间，同时充分利用庭院空间作为农产品加工空间。这种布局中，生产与生活空间实现了分离，避免了流线干扰。此外，还可将底层部分架空用作农业生产和休闲空间复合利用，提高空间使用率（表6.6）。

农家乐经营户更新模式　　　　　　　　　　表 6.6

		空间／建筑原型	模式一	模式二	模式三
居住＋农业生产＋农家乐民宿经营	空间组织形式				
	建筑平面图				
	建筑效果图				

②建筑能耗变化。将改造后的农旅复合生产建筑进行能耗模拟可以发现，当新建相同面积的住宿客房时，由于用能习惯的改变，单位建筑面积能耗强度都有所增加，但是在建筑原有基础上加建对建筑能耗影响最小，新建建筑与原有建筑分离后，建筑能耗强度会更高（表6.7）。实际可根据新增功能与实际庭院大小合理选择加建模式。

农旅复合生产建筑改造后能耗变化 表 6.7

	改造前	模式一	模式二	模式三
建筑总能耗（kW·h）	1740.06	2762.8	2947.73	3438.68
单位建筑面积能耗（kW·h/m²）	19.57	23.58	25.35	30.9

（2）混合空间界面设计

农旅庭院空间不仅有解决住户生产生活的功能，同时是人们旅游活动中休闲娱乐、聚会聊天的场所，是乡村旅游服务空间中不可或缺的一个重要组成部分。农旅型社区中置入新的农旅服务功能后，不同类型空间若想既满足功能复合使用的需求，又营造休闲旅游的体验感，加建庭院的混合空间界面设计就变得非常重要。

首先，农旅型乡村社区农宅庭院是构成旅游体验感的最基本的空间单位，是游客直接感受和置身其中的空间类型，所以环境氛围、空间塑造、空间布局成为庭院空间的营造重点。

环境氛围：农旅型社区庭院作为乡村旅游服务的空间场所，一方面可通过地域景观要素、农作物种植营造乡村的乡土特性，另一方面可通过小尺度的景观亭、廊道形成半私密空间，营造休闲安静的环境氛围。

空间塑造：半围合的庭院既具有与邻里交往的公共性，又具有休闲度假的私密性。庭院空间是民居空间中最生动活泼的灰空间，也是与自然最亲近的部位，充当着人与自然的媒介。农旅经营户的庭院通过打造景观环境，形成生动有趣的围合的庭院和富有场所感的活动空间，使宅院呈现出一种有机的序列和韵律感。

空间布局：空间布局则主要处理好"生活""旅游服务""农业加工"等不同功能空间的组合关系。通过空间复合使用功能属性，空间序列组织提高空间利用效率，最大限度节约用地。

6.3.3.2 农旅型乡村邻里空间低碳营建

（1）公共服务设施布局与低碳设计

①布局选址。乡村公共活动空间建设应注意：村庄公共活动空间选址应符合村

民文化风俗习惯，通过系统调查人们活动的特征和路线，进行选址定位。

②公共建筑规模。公共建筑空间关联模式中，生产服务设施作为生产加工的配套，与生产建筑空间联系密切；同时文旅配套空间与展示销售空间在功能配置上有相互嵌套的关联关系。农旅型乡村社区生产服务建筑与产业延伸建筑的建设规模如表6.8所示。

生产服务建筑与产业延伸建筑规模 表6.8

类型	功能	建设规模参考
生产服务建筑	行政办公	根据办公人数确定，每人使用面积不应小于 6m²
	后勤服务	配套区用地面积不超过整个园区的 7%，其建筑面积不超过整个园区的 12%
	研发培训	研究工作室的使用面积不宜小于 5m²/ 人，敞开式办公区平均使用面积不宜小于 6m²/ 人
	科普研学	小型讨论室的使用面积不宜小于 6m²，小型学术活动室的使用面积不宜小于 30m²，中型学术活动室的使用面积不宜小于 60m²
	展示体验	展览面积小于 10000m²
	商贸销售	超市面积 200~500m² 农产品专卖店、直销中心面积 100~200m²
产业延伸建筑	游客服务中心	大型游客中心建筑面积应大于 150m²；中型游客中心不应小于 100m²；小型游客中心不应小于 60m²
	观光园	根据当地总体规划、市场需求和投资条件确定建设规模
	采摘园	根据当地总体规划、市场需求和投资条件确定建设规模
	农事体验园	根据当地总体规划、市场需求和投资条件确定建设规模
	户外拓展园	根据当地总体规划、市场需求和投资条件确定建设规模
	科普教育园	根据当地总体规划、市场需求和投资条件确定建设规模
	康养度假园	根据当地总体规划、市场需求和投资条件确定建设规模
	餐饮	中型规模：150m² < S ≤ 500m² 或 75~250 座； 小型规模：S ≤ 150m² 或 75 座以下
	住宿	每间客房面积 14~20m²；中型规模：200~500 间客房； 小型规模：< 200 间客房

资料来源：课题组资料

（2）营造生态景观绿地系统

对于社区整体尺度，重点对社区整体自然、半自然生境比例、生态关键位置植被覆盖的新建和修补、景观连接度的改善进行规划。小尺度上，侧重对局部斑块或廊道结构进行调整与建设，如农田绿色基础设施网络化，保证社区绿地生态系统及景观要素的健康发展。乡村绿化景观系统的整治要将恢复和改造现有绿色体系和新建绿地结合，将乡村社区外围的绿色体系、农田、交通走廊隔离绿带、农田林网和基本农田融合沟通，利用廊道和缀块结合的方式，构建立体化、多元化、开放式的空间绿色系统，增加碳汇。

在现有道路系统基础上，以自然山水为骨架，将自然生态、乡土文化、居民生活等功能叠加到网络化的生态步道系统中，形成功能复合的生态步道网络系统。针对城郊融合型乡村社区建设中存在的乡村景观风貌受损等共性问题，通过控制整体山水格局、恢复林网植物群落结构等手段，保护与修复山水湖林田草的自然生态景观，控制自然景观与乡村聚落的图底关系。

6.4　小结

本书为了研究乡村社区空间生产与优化过程的低碳化，根据不同类型城郊融合型乡村社区"营建空间目标—营建内容—空间形态要素"的对应关系，结合第 5 章空间形态对碳排放的影响机制，将湖南省不同类型城郊融合型乡村社区的低碳营建路径概括为"宏观控量—中观微观控形—空间提质—用能引导"。对于城郊融合型乡村社区的空间低碳营建不仅要关注不同层级空间形态要素的控制，还要关注显著影响建筑能源使用强度的建筑质量与用能习惯。

农业型乡村社区在实现不同层级空间功能提升的同时，主要通过产居一体化住宅建筑空间组织、建筑质量提升、住宅聚集度提升、公共空间合理布局等营建内容中空间形态要素控制，实现用地的集约性，从而达到减碳目的。旅游型乡村社区在实现旅游服务空间品质提升的同时，主要通过旅游服务建筑空间形态控制、旅游服务建筑质量提升、交通路网设计、次中心邻里空间营建等活动对空间要素的控制实现能源高效利用、低碳旅游消费行为引导的目的。农旅型乡村社区在实现"农""产""居"空间高效融合的同时，主要通过中观层级农旅空间功能组织、微观农旅复合建筑的空间组织、公共空间布局等营建内容，在保证空间高效融合的同时，强化生态碳汇功能，引导低碳行为，达到农旅社区减碳。

可以说，脱离了乡村社区本身空间发展现实需求的低碳营建是无意义的，除了考虑空间形态对用能行为的引导，建筑质量对能源使用效率的约束以及居民本身的低碳意识也直接决定着能源的使用行为。所以乡村社区的空间低碳营建策略应该是从"人"和"地"两方面出发，包括"控量、控形、提质、低碳意识"等综合性的策略。

第 7 章　城郊融合型乡村社区空间形态低碳营建实践

7.1　农业型社区——燎原村为例

燎原村位于湖南省岳阳市湘阴县金龙镇东部，距离湘阴县城 18km，村域面积约 811.40hm²。全村共辖 37 个村民小组，总人口 3077 人。燎原村的优势生态基底较好，交通区位较为优越，资源优势较好；劣势是产业环节少、产业链不完整，缺乏规模经济效益，虽然村里开发了湖南凯佳生态农业科技园，但部分产业处于停滞阶段，规模和销售渠道都有待提高。

燎原村转型过程中的空间问题主要是产业空间规划与配套不足、公共空间弱化与社会关系衰退、建筑空间品质差；碳排放问题主要来自住宅建筑围护结构与用能方式，部分住宅建筑围护结构质量较差，热损失严重，同时柴薪的使用也产生了大量的二氧化碳。社区空间营建关键是公共空间与建筑提质。

7.1.1　空间提质

首先应完成村民交往空间的重塑，其次是产业配套建筑的营建（包括企业与农户两部分），最后是新建建筑的空间功能更新。

（1）公共空间营建——促进人际交往

燎原村最迫切的空间需求是公共空间，当前村部的露天广场并不能满足村民交往需求。一方面，应增加休憩与互动空间，在村口首个开放场地新增一处亲水公共空间，增加公共空间多样性和趣味性。另一方面，对村内整体人居环境进行整治，对公共区域和农户庭院进行规划设计，将农户庭院、公共区域、村组道路两侧进行绿化、美化、亮化，全面提升村容村貌（图 7.1、图 7.2）。

（2）产业配套空间营建——提升空间功能

①种植空间——凯佳现代农业示范园区。在产业结构上，以农业生产为核心，建立农产品加工基地，构建"规模农业＋特色农业＋乡村旅游"的产业发展模式，用生产空间的重组来推动产业结构的调整、升级；空间布局上将北部空间用作研发、展示和销售，分别设置农业实训基地、农科技展示中心、科普基地和农产品交易中心。以现状葡萄种植园为基础，结合休闲农业打造农业体验类项目，让游客品味田

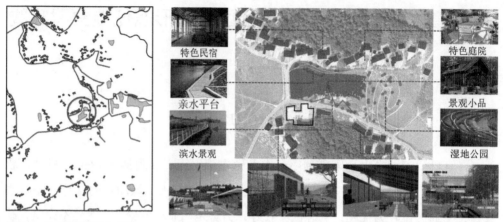

图 7.1　公共空间优化与营建

图 7.2　燎原村人居环境提质

园生活，体验采摘的乐趣，发展特色农业推动产业升级（图 7.3）。

②养殖空间——养殖场。养殖场需改善整体环境，重新对功能进行组织，使其成为既满足农户养殖加工需求又适合全年龄段游客体验的休闲农场，增加养殖、加工、餐饮、休闲等功能（图 7.4）。

（3）建筑空间功能更新

经过调研发现，建筑空间的问题主要是普通农户住宅质量差、缺乏晾晒、农产品加工空间和经营户村民自发建设导致空间组织混乱与风格异化两大类问题。

①围护结构改造。目前，农村自建房改造手法一般停留在立面改造和室内简单

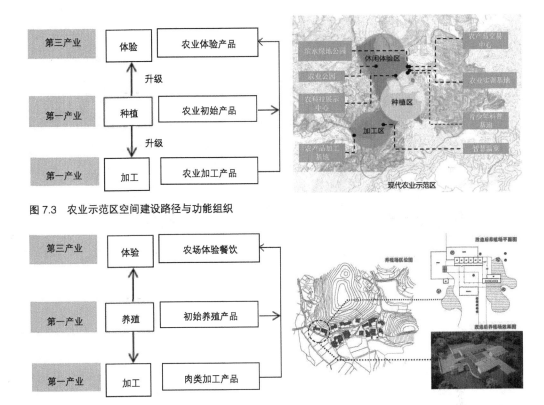

图 7.3　农业示范区空间建设路径与功能组织

图 7.4　养殖场空间建设路径与功能组织

的装修，新产居模式下的建筑营建应当在保留地域特色的前提下重新组织建筑空间。针对燎原村典型住宅建筑围护结构热工性能差的现状，首先对新增加的加工空间进行通风屋面改造，减少加工间运行能耗。其次，将居住主体建筑屋面和顶棚之间留出空气间层，通风口设置在檐口、屋脊或山墙处，也可在屋顶上开设通气的老虎窗。一方面加强自然通风，另一方面通过屋面材质的更换反射太阳辐射达到夏季降温的目的。同时，增加建筑水平遮阳，减少建筑夏季太阳辐射，达到降低夏季建筑能耗的目的。最后，在建筑东西两侧增加绿化植被面积，利用绿化减少墙体的太阳辐射，降低墙体温度（图 7.5）。

②提高建筑舒适性。与现代建筑一样，传统村落建筑的围合结构导致的热损失占建筑热损失的绝大部分。针对燎原村现存的部分生土建筑居住舒适性较差、气密性差等问题，通过围护结构改造，改善建筑气密性，提高围护结构的保温性能，在改善建筑居住舒适性的同时提高建筑能源使用效率（图 7.6）。

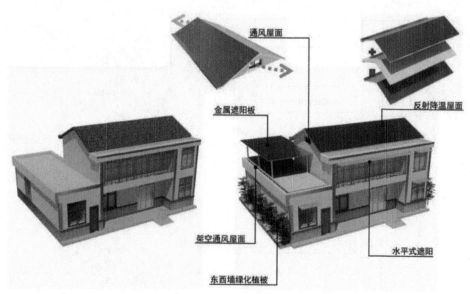

图 7.5　典型农业住户围护结构改造

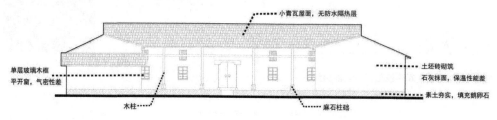

图 7.6　生土住宅分析图

7.1.2　邻里空间形态控制

通过对燎原村道路网轴线模型的绘制，进行多尺度网络分析，分别计算全局选择度与整合度，以及局部选择度和局部整合度。其中选择度代表道路的可达性，整合度代表空间被穿过的频率。燎原村主要分为东西两侧，第一、第二村民小组主要分布在右侧，基于多尺度网络分析的结果可以看出，燎原村目前第一、第二村民小组之间道路可达性较好，通过道路可达性与空间使用频率，可以确定 2 个公共空间选址位置。已有的村民服务中心主要布置在第一小组的中心位置，未能满足第二村民小组的公共空间需求。后续公共服务中心的布置可参考选址二的位置，减少不同村民小组之间的交通活动，减少社区内交通碳排放。

7.2　旅游型社区——沙洲村、韶山村为例

沙洲村位于郴州市文明瑶族乡中部，包含 4 个自然村，总人口 516 人，总户数 142 户。沙洲村村民主要为汉族和瑶族，其中少数民族人口 286 人。村内有"半条被子"故事主人公徐解秀故居、卫生所旧址等红色旅游资源，另有大量湘南民居传统风貌的村民住宅和古巷，具有独特的历史风貌。在旅游业的带动下，沙洲瑶族村农业、服务业也得到飞速发展，2019 年，全村人均可支配收入达到 1.38 万元，集体经济收入达 40 万元。

韶山村与沙洲村一样是红色旅游景点，位于湘潭市韶山风景名胜区内，由 3 个自然村合并而成，全域 16km^2。以伟人故居和革命纪念地为核心旅游资源，兼具自然山水、民居建筑等多种旅游类型。虽然旅游基础设施已经建设成熟，但是仍然存在景观风貌杂乱、乡土特色缺失、旅游旺季游客分布不均和交通有待疏散等问题。经实地调研，发现旅游型乡村普遍存在的空间问题主要是旅游基础设施建设和旅游服务建筑改造导致的空间生产活动与建筑风貌保护的冲突。旅游型乡村社区的碳排放问题主要是高强度的住宿碳排放和交通碳排放。

7.2.1　中观邻里空间形态控制

7.2.1.1　公共交通系统

村庄道路规划分为村庄次干道、游步道，建立以车行路为骨架，交通轴向明确，步行道健全的村落路网体系。

①村庄次干道。村庄车行次干道宽度 5m，保证消防、救护、搬家等通车需要。

②游步道。主要游步道为在沿滁水河风光带两侧全线贯通的绿道，规划绿道宽度为 3m，全线均采用彩色混凝土路面，在满足技术标准的基础上，局部地段可采用环保生态自然材料铺设绿道路面。

在保持村落街巷原有空间格局和空间尺度的前提下，对村落内的现状步行道进行整治和完善，既提高村民生活质量，又保护村落历史风貌。新建步行道宽度不宜小于 2.5m，步行道建议采用卵石或青石板路面增加趣味性。依据村庄主道，利用沿路空坪隙地，规划三处集中停车场，满足旅游和村民停车需求，有效保护传统村落内窄巷不受破坏。

7.2.1.2 中心邻里空间布局

通过对韶山村道路网轴线模型的绘制，进行多尺度网络分析，分别计算全局选择度与整合度，以及局部选择度和局部整合度。基于多尺度网络分析的结果可以看出，韶山村目前村民服务中心是村民活动频率较高的空间，道路通达性良好（图7.7）。同时，结合实际调研发现，选址一也是游客活动的主要范围，是目前游客服务中心所在地，是相对嘈杂的动态区域。考虑村民主体对于安静的、不被打扰的公共空间的需求，选址二所在的地方通达性较好也是村民活动频率较高的空间，适合布置小型公共活动空间，满足村民主体对于集体记忆、邻里交往空间的需求。

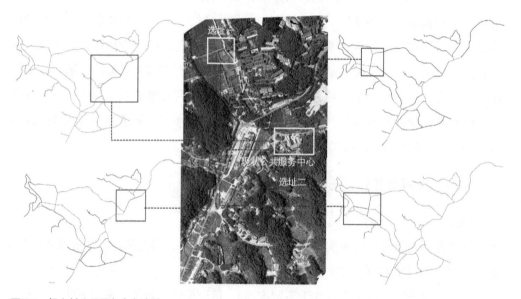

图 7.7 韶山村公共服务中心选址

7.2.2 微观旅游服务建筑

规划鼓励利用现状建设用地的空间插建居住建筑、公共服务设施（建筑）和公共活动空间。但是应保证插建建筑不破坏原有建筑肌理，同时考虑公共服务建筑与其他景点的互动性与步行交通可达性。以沙洲村商业零售建筑为例，对其进行低碳营建。首先，整栋房屋风格采用湘南民居风格，颜色定位为"白墙灰瓦"，外墙采用米白色外墙装饰砂浆饰面，不仅能反射太阳辐射，且与周边整体建筑风貌统一。其次，屋顶增加通风口达到夏季屋面降温目的，现有窗户新增垂直遮阳，建筑东西两侧增加植物绿化降温。同时屋脊可增加装饰部件与湘南民居格调相协调（图7.8）。

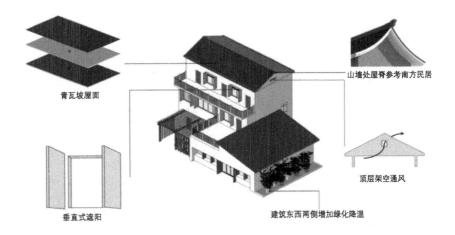

图 7.8　沙洲村商业零售建筑低碳改造

以田汉村为例，对餐饮建筑进行围护结构改造（图 7.9）。首先将原来的平屋顶改建成青瓦坡屋面，部分墙体采用竹材复合节能墙体[①]；增加南向窗户的遮阳，通过百叶窗遮阳改善夏季室内环境；同时为了建筑整体风貌统一，一层餐饮区域采用竹材遮阳构建，遮阳的同时提升建筑空间品质。

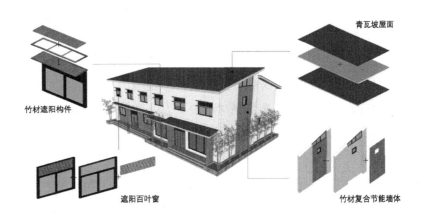

图 7.9　田汉村餐饮店围护结构节能改造

---

① 竹材复合节能墙体是以水泥、砂、竹材为主要原材通过泡沫剂对混凝土进行发泡后，运用专用仪器设备浇筑成的配置有竹筋网片的空心泡沫混凝土板材。具有性价比高（造价低于传统建造方式）、建造速度快，降低综合能耗 65%（国际能耗指标 Q 值）、节水 60%、减少 20% 材料浪费等优势。

7.3 农旅型社区——芦塘村为例

芦塘村位于浏阳市西北部永安镇，距离长沙市区 25km，总建设用地 193.46hm²，人均村庄建设用地 137.89m²/人，是浏阳高新区所在地。是依托优质粮油特色资源，是以田园大地景观观光、教育科普为主的亲子、家庭田园休闲旅游社区，芦塘村以中华老种子博览园为基础，建立青少年农业体验教育拓展基地，因地制宜开展农业科普、农业教育、农耕体验等休闲业态。农旅产业的发展解决了大多数本地就业问题，常年在外务工的农民工回流本村比例约为 30%，农民人均年收入达到 5 万元左右。

经过调研发现，芦塘村虽然依托田园综合体大力发展循环农业、农事体验，推进农业产业与旅游产业融合，同时村民利用自家宅基地、闲置房屋，采取自营、联营的方式与专业合作社联合开发餐饮、民宿产业，乡村空间品质较好；但是实际农业产品仍然以外销为主，与旅游产业融合不足。尤其是农业生产空间与旅游空间只停留在融合机制上，空间融合不足，没有实现生产空间的深度融合，旅游体验感一般。并且，农旅型乡村因为区位优势，普遍经济水平较高，村民生活习惯与城市居民接近，生活直接能源碳排放与交通碳排放较高。

7.3.1 空间融合

针对农旅型社区空间融合不足问题，从中观和微观两个空间层级分别进行空间融合设计。中观空间层级主要对农业生产空间与休闲旅游空间进行综合考虑，核心营建内容是在生产空间中融入乡村旅游体验空间；微观建筑空间层级，基于农户需求进行新型空间置入是协调"旅游 + 农业"空间关系的手段之一。在进行空间融合的同时，考虑中观层级空间布局的合理性与微观层级空间形态对建筑运行能耗的影响。

中观层级以现有的农业种植园、水果采摘园、水产养殖水域为空间主体，开发休闲农业旅游项目，在生产空间中引入生态观光路线，组织农业景观观光活动；在中期农产品生产加工阶段设置单独的农产品加工体验区，供游客体验生产加工过程（图 7.10）；在后期考虑教育研学功能的农产品博物馆和销售展示中心。通过不同生产阶段的旅游服务空间设计实现农业生产空间与旅游服务空间的融合。同时将农产品生产过程与体验过程置入农户庭院中，实现生活空间与生产空间的融合（图 7.11）。

在微观建筑庭院层级，私人化的民居和庭院空间为了迎合新的旅游体验功能逐

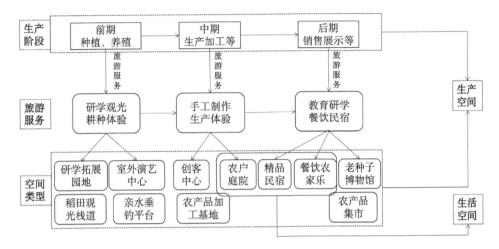

图 7.10　农业产业与旅游产业空间融合示意图

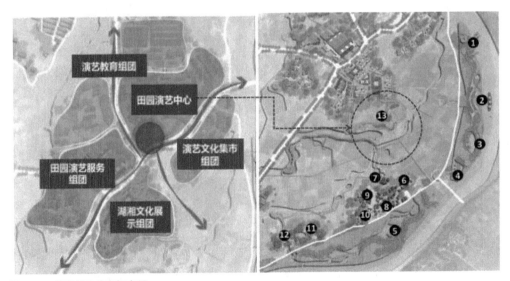

图 7.11　芦塘村农旅空间布局
图片来源：课题组资料

渐商品化，改造成民宿、餐饮等特色商业空间。针对农旅经营户住宅庭院的空间低碳营建原则，一方面要满足"农""居""产"不同的功能需求，另一方面组织各功能空间关系，从功能布局、垂直空间序列组织、混合界面设计满足空间功能多元性和丰富性，提高空间利用率（图 7.12）。

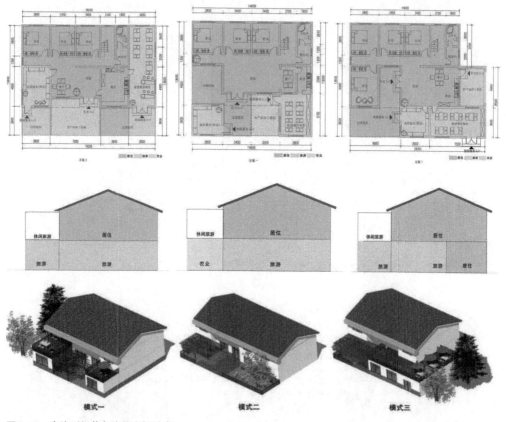

图 7.12　农旅型经营户建筑空间融合

7.3.2　公共空间布局

通过对芦塘村道路网轴线模型的绘制，进行多尺度网络分析，分别计算全局选择度与整合度以及局部选择度和局部整合度，可以发现芦塘村内主干道通达性最好。结合道路通达性与空间活动频率来看，可以有三处较好的公共空间选址方案。其中选址一位于村入口处，适合布置大型的村民服务中心及游客中心；选址二位于村内核心农旅项目"湾里屋场"所在地，适合布局中型的公共服务中心和活动场所，同时满足村民与游客的活动需求；选址三位于村内主要道路，人口聚集度高，远离主要旅游区，适合布置满足村民主体邻里交往的小型活动广场或滨水公园（图7.13）。

7.3.3　用能习惯引导

在思考城郊融合型乡村低碳营建策略时，除了考虑空间对活动行为的影响外，还应该将视角放在对居民用能行为和习惯的引导上。一方面，通过低碳生活方式的

图 7.13　芦塘村邻里交往空间营造

宣传培训和低碳生活展示标识的设置让村民从意识上改变用能习惯。另一方面，从房屋建造材料的选择、节能技术的应用等住宅建造方式上引导居民建设绿色低碳农居；同时，通过社区绿色基础设施建设鼓励村民低碳出行、垃圾无害化处理。

7.4　小结

不同于发达地区乡村的高碳排放强度，湖南省城郊融合型乡村社区正处于产业转型初期。但通过对空间生产初期不同空间类型与碳排放关系的梳理，抓住与关键空间营建内容对应的空间形态要素，再提出不同层级空间的低碳营建策略，是保障乡村社区可持续发展的必经之路。因为，不同类型乡村社区因为发展的模式与关键问题不同，社区空间营建目标和内容不同，所以低碳营建策略也不同。

这些针对湖南城郊融合型乡村社区的低碳营建策略都对应了不同类型乡村社区现阶段本身空间生产与优化的现实需求，各有侧重，实现了湖南城郊融合型乡村社区空间秩序重组优化过程中对减碳的关注，是从空间设计领域对乡村低碳建设路径的初探。

参考文献

[1] Bristowa A L, Tight M. Pridmore A, et al. Developing pathways to low carbon land-based passenger transport in Great Britain by 2050 [J]. Energy Policy,2008,36(9):3427-3435.

[2] Shirley-Smith C , Butler D . Water Management At Bedzed: Some Lessons[J]. Proceedings of the institution of civil engineers, 2008, 161(2):113-122.

[3] Naess P, Sandberg S L, Roe P G. Energy use for transportation in 22 Nordic towns[J]. Scandinavian Housing and Planning Research, 1996, 13, 79 - 97.

[4] Holden E, Norland I T. Three challenges for the compact city as a sustainable urban form: household consumption of energy and transport in eight residential areas in the greater Oslo region[J]. Urban Studies,2005,42 (12),2145 - 2166.

[5] Thogersen J , Olander F . Human values and the emergence of a sustainable consumption pattern: A panel study[J]. Journal of Economic Psychology, 2002, 23(5):605-630.

[6] Heiskanen E, Johnson M, Robinson S, et al. Low-carbon communities as a context for individual behavioural change[J]. Energy Policy, 2010, 38(12):7581-7595.

[7] Middlemiss L, Parrish BD. Building capacity for low-carbon communities:the role of grassroots initiatives[J]. Energy Policy,2010, 38 (12): 7559 - 7566.

[8] 姜秀娟，王峰玉 . 国外低碳社区规划对我国的启示 [[J]. 管理工程师 ,2011(05)：4-6.

[9] Doherty P S , Al-Huthaili S , Riffat S B ,et al.Ground source heat pump:description and preliminary results of the Eco House system[J].Applied Thermal Engineering, 2004, 24(17-18):2627-2641.

[10] Edward L, Glaeser, et al. The greenness of cities: Carbon dioxide emissions and urban development[J]. Journal of Urban Economics, 2010,67 (3): 404 - 418.

[11] Jones C, Kammen D M. Spatial distribution of U.S. household carbon footprints reveals suburbanization undermines greenhouse gas benefits of urban population density[J]. Environmental Science & Technology,2014,48 (2):895 - 902.

[12] Dulal H B , Brodnig G , Onoriose C G . Climate change mitigation in the transport sector through urban planning: A review[J]. Habitat International, 2011, 35(3):494-500.

[13] 仇保兴 . 我国低碳生态城市建设的形势与任务 [J]. 城市规划 ,2012,36(12):9-18.

[14] 邢敏 . 城市社区低碳化转型 [D]. 上海：华东理工大学 ,2010.

[15] 顾朝林 . 低碳城市规划发展模式 [J]. 城乡建设 ,2009,11:71-72.

[16] 陈飞，诸大建 . 低碳城市研究的理论方法与上海实证分析 [J]. 城市发展研究 ,2009,16(10):71-79.

[17] 潘海啸 . 面向低碳的城市空间结构：城市交通与土地使用的新模式 [J]. 城市发展研究 ,2010(1):41-44.

[18] 顾朝林，谭纵波，等.气候变化、碳排放与低碳城市规划研究进展[J].城市规划学刊.2009(3):38-45.

[19] 秦波，邵然.低碳城市与空间结构优化：理念、实证和实践[J].国际城市规划,2011,26(3):72-77.

[20] 赵鹏军.城市形态对交通能源消耗和温室气体排放的影响：以北京为例[D].北京：北京大学,2010.

[21] 黄梅，段德罡，黄晶，等.甘南低碳生态小城镇规划的适宜性技术与方法[J].规划师,2016,32(7):81-86.

[22] 郭红雨，金琪，朱志军.低碳导向的城市空间布局规划技术探索[J].南方建筑,2014(6):95-99.

[23] 丛斓，徐威.创建省级绿色社区的思路及评价指标体系研究[J].福建环境,2003,20(5):43-46.

[24] 张林英，周永章.绿色社区可持续发展评价指标体系构建[J].云南地理环境研究,2006,5:58-62.

[25] 范平，吴纯德.城市生态社区综合评价指标体系的探讨[J].环境科学与技术[J].2009,4:190-194.

[26] 付琳，张东雨，杨秀.低碳社区评价指标体系研究[J].环境保护，2019(15):8-9.

[27] 叶昌东，周春山.低碳社区建设框架与形式[J].现代城市研究,2010,25(8):30-33.

[28] 陈飞，褚大建.低碳城市研究的内涵、模型与目标策略确定[J].城市规划学刊，2009(4):7-17.

[29] 宋娟.关于绿色低碳社区的研究[D].济南：山东建筑大学，2012.

[30] 黄文娟，葛幼松，周权平.低碳城市社区规划研究进展[J].安徽农业科学,2010,38(11):5968-5970.

[31] 李志英，陈江美.低碳社区建设路径与策略[J].安徽农业科学,2010,38(21):11516-11518.

[32] Haapio A, Towards sustainable urban communities, Environmental Impact[J]. Assessment Review,2012, 32 (1): 165–169.

[33] Charoenkit S, Kumar S, Environmental sustainability assessment tools for low carbon and climate resilient low income housing settlements[J]. Sustainability Energy Review,2014,38:509–525.

[34] Reith A, Orova M. Do green neighbourhood ratings cover sustainability? [J].Ecological Indicators,2015,48:660–672.

[35] 中国建筑材料科学研究院.绿色建材与建材绿色化[M].北京：化学工业出版社，2003.

[36] 张洪波.低碳城市的空间结构组织与协同规划研究[D].哈尔滨：哈尔滨工业大学，2012.

[37] 戴堃.低碳理念在城市总体规划中的作为初探[D].西安：西安建筑科技大学,2011.

[38] 张京祥.对我国低碳城市发展风潮的再思考[J].规划师,2010,26(5):5-8.

[39] 翁奕城.国外生态社区的发展趋势及对我国的启示[J].建筑学报,2006(4):32-35.

[40] Zhang R，Matsushima K，Kobayashi K. Can land use planning help mitigate transport-related carbon emissions? A case of Changzhou[J].Land Use Policy, 2018,74:32-40.

[41] 赵荣钦，黄贤金，刘英，等.区域系统碳循环的土地调控机理及政策框架研究[J].中国人口·资源与环境,2014,24(5):51-56.

[42] 潘海啸，汤锡，吴锦瑜，等.中国"低碳城市"的空间规划策略[J].城市规划学刊,2008(6):57-64.

[43] 杨再薇.基于DeST-h模型模拟的街区空间形态对建筑能耗影响研究分析[D].太原:太原理工大学,2019.

[44] 王富臣.形态完整:作为城市设计的一种策略[J].同济大学学报(社会科学版),2004(3):69-74.

[45] 段进,殷铭.中国当代新城空间发展模式初探:以宁波鄞州跟踪研究为例[J].城乡规划,2013(2):11-20.

[46] 陈珍启,林雄斌,李莉,等.城市空间形态影响碳排放吗:基于全国110个地级市数据的分析[J].生态经济,2016,32(10):22-26.

[47] 顾朝林,谭纵波,刘志林,等.基于低碳理念的城市规划研究框架[J].城市与区域规划研究,2017,9(3):225-244.

[48] 王铮.基于低碳理念的辽滨水城二界沟社区空间构建策略研究[D].沈阳:沈阳建筑大学,2013.

[49] 赵亚星.西北城市低碳社区适宜性规划策略研究[D].西安:西安建筑科技大学,2016.

[50] 张李纯一,孙启真,邬皓天,等.城市居住区碳排放量与居住环境的关系:以天津市邮电公寓城南家园、新园村馨名园居住区为例[J].建筑节能,2020,48(1):93-101,107.

[51] 马静,刘志林,柴彦威.城市形态与交通碳排放:基于微观个体行为的视角[J].国际城市规划,2013,28(2):19-24.

[52] 王伟强,李建.住区模式类型与居民交通出行碳排放相关性研究:以上海曹杨新村为例[J].上海城市规划,2016(2):109-113,121.

[53] 秦波,邵然.城市形态对居民直接碳排放的影响:基于社区的案例研究[J].城市规划,2012,36(6):33-38.

[54] 邬尚霖.低碳导向下的广州地区城市设计策略研究[D].广州:华南理工大学,2016.

[55] 杨小山.室外微气候对建筑空调能耗影响的模拟方法研究[D].广州:华南理工大学,2012.

[56] 阴世超.建筑全生命周期碳排放核算分析[D].哈尔滨:哈尔滨工业大学,2012.

[57] 吴盈颖,王竹,朱晓青.低碳乡村社区研究进展、内涵及营建路径探讨[J].华中建筑,2016,34(6):26-30.

[58] 邵郁,周小慧,孟怡平,等.严寒地区低能耗村镇住宅外墙优化设计[J].建筑学报,2016(5):77-80.

[59] 刘加平,成辉.低碳乡村生态聚落创作研究[J].建筑科技,2010,(9):38-43.

[60] 袁璐,刘煜,哈申格日乐.西安市长安区农村住宅"低碳"更新技术策略的调研分析[J].四川建筑科学研究,2014,40(2):331-344.

[61] 张子毅.黑龙江农村住宅低碳节能设计研究[J].装饰,2011(6):120-121.

[62] 汪洋,王晓鸣,朱宏平.夏热冬冷地区农村低碳建设技术集成与效益评价研究[J].土木工程学报,2010,43(S2):410-415.

[63] 杨彬如.多维角度的中国低碳乡村发展研究[D].兰州:兰州大学,2014.

[64] 宋丽美,徐峰.乡村振兴背景下农村人居环境碳排放测算与影响因素研究[J].西部人居环境学刊,2021,36(2):36-45.

[65] 李王鸣,冯真,吴宁.山区型乡村人居环境高碳源趋势影响要素研究:以浙江省安吉县景坞村为例 [J].华中建筑,2015,33(1):174-178.

[66] 邬轶群,朱晓青,王竹,等.基于产住元胞的乡村碳图谱建构与优化策略解析:以浙江地区发达乡村为例 [J].西部人居环境学刊,2018,33(6):116-120.

[67] 石斌.城乡融合型村镇社区低碳营建体系研究 [D].杭州:浙江工业大学,2020.

[68] 周若祁,绿色建筑体系与黄土高原基本聚居模式 [M].北京:中国建筑工业出版社,2007.

[69] 刘加平.新农村建设与建筑节能对策 [J].建设科技,2012(9):26-28.

[70] 张伟强,李龙.城市近郊乡村社区规划策略研究:以晋江市紫帽镇园坂社区为例 [J].广西城镇建设,2015(10):111-115.

[71] 陈志文.城市边缘区农村的空间结构、特性与规划对策 [J].城乡建设,2007(5):57-58.

[72] 贾永强,李文华,樊芳芳.基于城乡统筹理念下的城郊村整治规划探析 [J].小城镇建设,2013(11):51-54.

[73] 张慧,李和勇,张锦秋."享老"产业驱动下城郊乡村社区再生营建策略研究[J].农业经济,2017(12):67-69.

[74] 笪玲.基于 PSR 模型的都市近郊乡村旅游社区参与模式研究:以重庆市璧山县为例 [J].南方农业学报,2012,43(1):120-123.

[75] 李沛.大都市近郊农村社区空间研究 [D].南京:南京大学,2014.

[76] 陈潇玮,王竹.城郊乡村产业与空间一体化形态模式研究:以杭州华联村为例 [J].建筑与文化,2016(12):117-119.

[77] 焦胜,刘晓燕,韩宗伟,等.丘陵地区近郊型乡村产居空间耦合类型探讨 [J].湖南大学学报(社会科学版),2020,34(5):153-160.

[78] 朱凯.基于乡土文化传承视野下城市近郊区乡村公共空间设计策略研究 [D].南昌:南昌大学,2020.

[79] 钱振澜."基本生活单元"概念下的浙北农村社区空间设计研究 [D].杭州:浙江大学,2010.

[80] 余斌.城市化进程中的乡村住区系统演变与人居环境优化研究 [D].武汉:华中师范大学,2007.

[81] 王昀.传统聚落结构中的空间概念 [M].2 版.北京:中国建筑工业出版社,2015.

[82] 丁旭.基于中观空间视角的乡村人居环境营建模式研究 [J].浙江大学学报(理学版),2018,45(6):765-772.

[83] 沈潇.山地乡村"三生空间"发展水平及优化策略研究 [D].武汉:华中科技大学,2017.

[84] 刘丰华.基于"三生空间"协调的西安市乡村空间布局优化研究 [D].西安:长安大学,2019.

[85] 秦波,田卉.社区空间形态类型与居民碳排放:基于北京的问卷调查 [J].城市发展研究,2014(6):21-26.

[86] 姚尚远.基于低碳视角的社区空间规模研究 [J].长江大学学报(自然科学版),2012,9(12):145-146.

[87] 周鹏.城市居住空间形态测度与评价 [D].天津:天津大学,2012.

[88] 张晓莉.北京市城市设计导则运作机制思辨 [J].规划师,2013,29(8):27-32.

[89] 姚燕华,鲁洁,刘名瑞,等.精细化管理背景下的广州市重点地区城市设计实践 [J]. 规划师,2010,26(9):35–40.

[90] 胡鸿保,姜振华.从"社区"的语词历程看一个社会学概念内涵的演化 [J],学术论坛,2002(5):123–126.

[91] 胡靓.内外使用者并重的城中村社区建筑空间计划研究 [D].西安：西安建筑科技大学,2017.

[92] 顾倩.基于低碳理念的生态社区规划研究 [D].杭州：浙江大学,2009.

[93] 吴智刚,缪磊磊.城市生态社区的构建研究.华南师范大学学报（社会科学版）2005(5):43–49.

[94] 吴良镛.人居环境科学导论 [M].北京：中国建筑工业出版社,2001.

[95] 李伯华,曾菊新,胡娟.乡村人居环境研究进展与展望.地理与地理信息科学,2008,24(5):70–74.

[96] 王帅,王宝刚.乡村社区空间形态与建设发展模式浅析 [J].城乡建设,2015(8):66–67.

[97] 王玉.工业化预制装配建筑的全生命周期碳排放研究 [D].南京：东南大学,2016.

[98] 仇保兴.城市碳中和与绿色建筑 [J].城市发展研究,2021,28(7):1–8,49.

[99] 王帅.商品混凝土生命周期环境影响评价研究 [D].北京：清华大学,2009.

[100] 罗智星.建筑生命周期二氧化碳排放计算方法与减排策略研究 [D].西安：西安建筑科技大学,2016.

[101] 高源雪.建筑产品物化阶段碳足迹评价方法与实证研究 [D].北京：清华大学,2012.

[102] 张孝存.建筑碳排放量化分析计算与低碳建筑结构评价方法研究 [D].哈尔滨：哈尔滨工业大学,2018.

[103] 汪涟涟.以建筑减碳为目标的长株潭地区新农村住宅设计策略研究 [D].长沙：湖南大学,2021.

[104] 汝醒君,汪臻.中国农村居民生活用能碳排放影响因素研究 [J].生态经济,2017,33(1):73–76.

[105] 李增元.分离与融合：转变社会中的农民流动与社区融合 [D].武汉：华中师范大学,2013.

[106] 林萍英.适应气候变化的建筑腔体生态设计策略研究 [D].杭州：浙江大学,2008.

后 记

本书主要针对湖南城郊融合型乡村转型背景下，不同类型城郊融合型乡村社区的空间问题与需求，探讨研究湖南地区城郊融合型乡村社区空间形态与碳排放之间的相关关系，提出乡村社区空间生产与优化过程中的空间低碳营建策略。对于我国乡村地区的空间低碳营建理论研究与乡村社区低碳建设实践具有重要的参考价值。

当下不同地区乡村社区转型发展阶段不同，问题与需求不同，社区空间低碳营建方法与策略不可一概而论。可以明确的是：乡村社区低碳营建一定是不能脱离乡村社区空间本身的无效营建，要将减碳目标融入乡村空间设计体系中，将减碳策略融入不同层级空间形态指标的控制上，才能真正实现通过"空间形态"引导约束"用能行为"达到减碳的目标。最后，我们应该也要认识到空间形态对于用能行为引导和约束作用的有限性，低碳意识培养与用能习惯的引导也是乡村社区低碳营建的重要内容。

乡村社区空间低碳营建是一个多方参与的、复杂的、持续并动态调整的过程，社区低碳空间营建实践中，不同阶段的主体参与方式、参与制度，甚至社区空间的低碳营建信息化平台都应该成为今后研究与实践中的重点。

本书的研究得到了许多学者与同事的指导帮助，他们在本书的写作过程中给予了宝贵的意见和建议，书中研究内容也是博士期间团队老师和学生的多人成果汇集。作者向本书撰写过程中给予帮助的各位专家、老师和同学表示衷心感谢。

感谢我的导师徐峰和读博期间对我论文给予过指导和帮助的周晋老师、孙亮老师、丁国胜老师、李晓俊老师，他们虽不是导师但也对我行文撰写思路、研究方法给予了重要的建议与帮助。